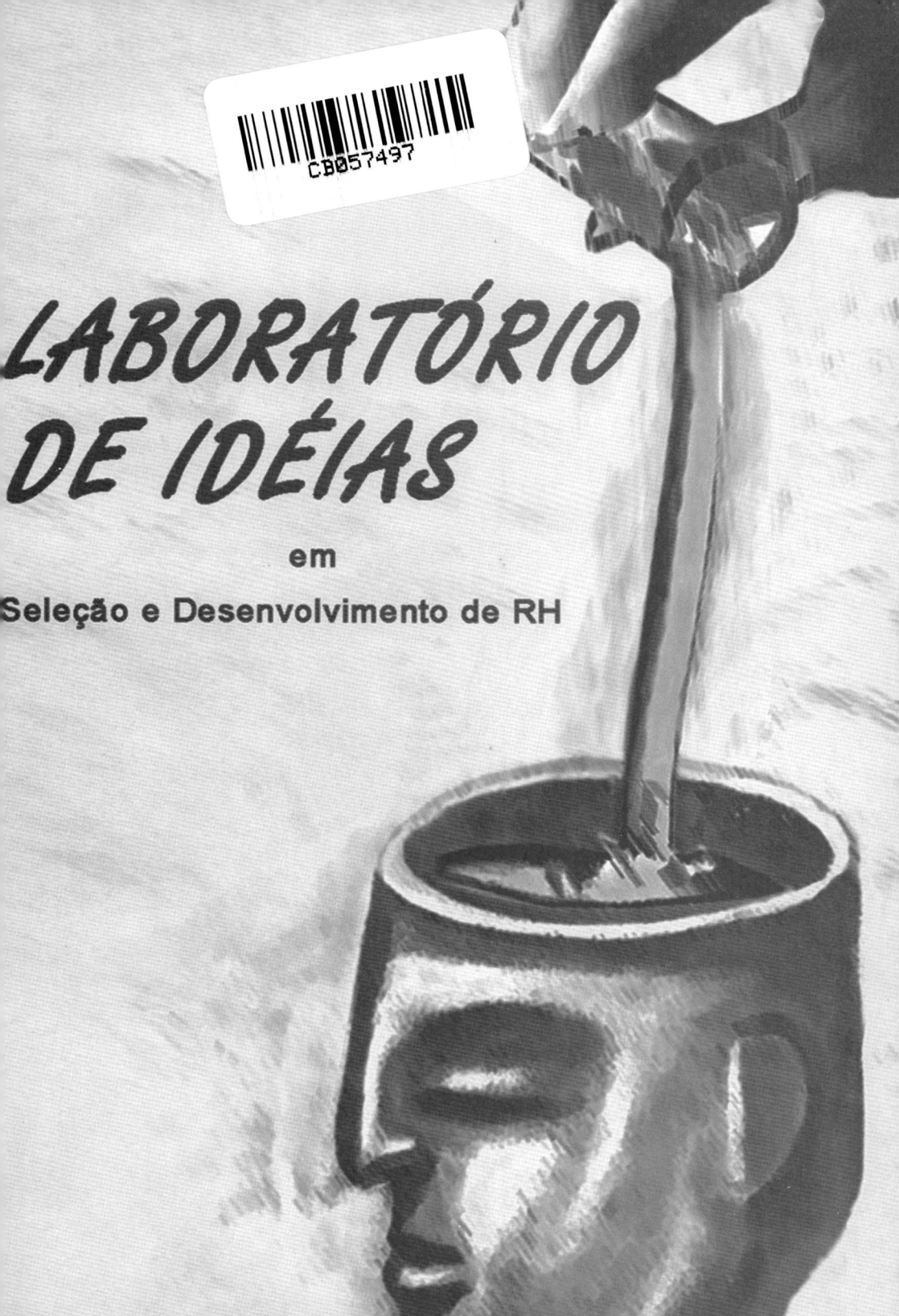

LABORATÓRIO DE IDÉIAS

em

Seleção e Desenvolvimento de RH

Andréa Marques

LABORATÓRIO DE IDÉIAS

em

Seleção e Desenvolvimento de RH

Copyright © 2008 Andréa Marques

Todos os direitos desta edição reservados à Qualitymark Editora Ltda.
É proibida a duplicação ou reprodução deste volume, ou parte do mesmo,
sob qualquer meio, sem autorização expressa da Editora.

Direção Editorial	Produção Editorial
SAIDUL RAHMAN MAHOMED editor@qualitymark.com.br	EQUIPE QUALITYMARK

Capa	Editoração Eletrônica
ANA CAROLINA ALEIXO LIMA	EDEL

Ilustrações
Renato Martins Artes & Artistas

CIP-Brasil. Catalogação-na-fonte
Sindicato Nacional dos Editores de Livros, RJ

M315l
    Marques, Andréa
        Laboratório de idéias / Andréa Marques. – Rio de Janeiro: Qualitymark, 2008.
        120p.

        ISBN 978-85-7303-790-6

        1. Administração de pessoal. 2. Pessoal – Seleção e admissão. 3. Recursos humanos. I. Título.

08-2155
                                        CDD: 658.3
                                        CDU: 658.3

2008
IMPRESSO NO BRASIL

Qualitymark Editora Ltda.
Rua Teixeira Júnior, 441
São Cristóvão
20921-405 – Rio de Janeiro – RJ
Tel.: (0XX21) 3295-9800 ou 3860-8422

Fax: (0XX21) 3295-9824
www.qualitymark.com.br
E-mail: qualitymark.com.br
QualityPhone: 0800-263311

Dedicatória

Dedico este livro em primeiro lugar a **Deus**, que me possibilitou inspiração e o encontro com pessoas que me estimularam e me fizeram acreditar na possibilidade de perseguir as minhas metas, driblando o grande obstáculo **tempo**, administrando as horas de forma criativa para realizar este projeto.

Ao meu filho **Lucas**, que é a fonte da minha inspiração. Meu desejo é fazer com que a minha história seja uma fonte de referência, força e determinação para a sua vida.

Aos **meus pais** e, em especial, à **minha mãe**, exemplo de luta e amor, que sempre me apoiou na busca dos meus objetivos.

Ao **meu marido**, que muitas vezes sente a minha ausência, mas vibra com minhas realizações.

Aos meus avós, **Mário Marques** (*in memoriam*) e **Hilda**, que foram meus alicerces, meu agradecimento pelo amor que me dedicaram.

Quero lembrar duas pessoas definitivamente especiais pelo exemplo de seres humanos que são: **Fernanda Mendes**, uma amiga "do coração". Tivemos durante três anos a oportunidade de trabalharmos juntas e comemorarmos grandes vitórias; e **Wilson Ribeiro**, um amigo de infância com quem manterei contato para todo o sempre.

Lembro, ainda, todas as **consultoras** e **estagiários** com os quais tive a oportunidade de trabalhar e que contribuíram para o nosso laboratório.

A **Egberto Dantas Tinoco** (*in memoriam*), minha primeira referência profissional, ser humano com qualidades incomparáveis.

A minha amiga irmã **Andreia Galloulckydio**, a todos os meus **amigos, irmãos, colegas de trabalho, parceiros e clientes,** pessoas com quem compartilho experiências, aprendo, ensino, comemoro vitórias. Eles ajudam a escrever a minha história pessoal e profissional. É impossível colocar o nome de todos, mas cada um sabe o quanto é importante e o quanto fez parte desta conquista.

Uma homenagem especial pela oportunidade de ter conhecido pessoas que me ajudaram durante minha formação profissional, criando os alicerces para que ela se tornasse íntegra. Segue aqui o meu agradecimento à **Alliage,** que tem em sua essência as pessoas de **Ana Claudia Rodrigues, Áurea Picanço** e **Isa Russo,** cujas assinaturas são uma marca que garante integridade, ética e confiança. Sem estas pessoas tal história não seria completa.

Enfim, **a todos que sabem fazer da vida um presente para os outros.**

Prefácio

Sempre que era necessário preparar uma dinâmica de grupo ou elaborar um *case* específico para conduzir um processo seletivo, surgia o impasse: *"O que aplicar?" "Onde consultar técnicas que possam ajudar a identificar o perfil desejado?"*

Uns diziam: *"As técnicas existentes nos livros estão enferrujadas!"*

E os clientes logo comentavam que queriam técnicas novas.

Acho que todos os que trabalham com recrutamento e seleção já passaram por isso.

Esses impasses me estimularam a montar uma equipe dentro da *Alliage*, que pudesse se especializar no que chamamos de **inteligência de seleção**. Inicialmente, montamos laboratórios internos, não formais, que eram construídos, muitas vezes, por Consultores associados que trabalhavam conosco por demanda de projetos. Desta idéia surgiram muitas técnicas para as dinâmicas de grupo, quebra-gelos, apresentações, técnicas de desenvolvimento e *cases* específicos criados para cada demanda, elaborados por encomenda.

Ficamos com um vastíssimo suprimento que poderia atender a diferentes solicitações e, por serem técnicas criadas no nosso laboratório, eram novas, atendiam ao desejo dos nossos Consultores e, principalmente, às necessidades e expectativas de nossos Clientes.

Surgiu, então, a idéia do livro, para mostrar ao mercado o que temos. Tal material pode e deve ser compartilhado com quem faz o RH das empresas. Afinal, selecionar é uma tarefa difícil e, por conseguinte, a escolha da técnica precisa ser cuidadosa.

Quero, com este livro, apresentar para aqueles que hoje representam o RH das diferentes empresas, pequenas, médias e grandes organizações, o nosso tesouro, que chamamos de **Laboratório de Idéias**.

Apresentarei algumas técnicas elaboradas, um acervo que poderá servir de fonte de pesquisa. Mas, o que considero o grande diferencial é mostrar "o como criar". Este é o grande desafio proposto pelo livro. **Sejam bem-vindos ao nosso Laboratório.**

Sumário

1
A Escolha da Técnica 1

2
A Criação da Técnica 5

3
O Método do *Case* ou Estudo de Casos 15

ACERVO 21

QUEBRA-GELOS 23

TÉCNICAS DE APRESENTAÇÃO 31

TÉCNICAS DE FINALIZAÇÃO 51

CASES.. 59

A Escolha da Técnica

À medida que surge a necessidade de elaboração de uma dinâmica de grupo, o primeiro passo é entender quem é o solicitante, qual a empresa contratante, quem é o gestor e a área para a qual o trabalho será desenvolvido.

A partir disso, identifique as competências valorizadas pela organização em questão, verifique as competências técnicas e comportamentais envolvidas na função em questão e avalie se a utilização da dinâmica seguirá os padrões normais ou se precisaremos incluir o *case*. Avalie também o nível de escolaridade dos candidatos que serão envolvidos na avaliação, porque a escolha das técnicas deverá seguir o seu nível de compreensão.

2 LABORATÓRIO DE IDÉIAS

No geral, iniciamos a agenda de uma dinâmica de grupo com uma técnica de *quebra-gelo* para tornar o ambiente de avaliação mais equilibrado, tranqüilizar os participantes e trazê-los para uma zona de maior conforto, o que facilitará seu desempenho nas atividades que se sucedem, ou seja, a técnica de apresentação e desenvolvimento.

Ao escolher a técnica de *quebra-gelo* considere o estilo da empresa, a formação dos candidatos e o perfil do gestor responsável por esta demanda de contratação. Diante disso, você terá a oportunidade de escolher algo mais divertido, estimulante, ou, ainda, com foco mais técnico e formal, que, de qualquer forma, proporcione descontração. Tudo dependerá do estilo do cliente e do seu público-alvo. O importante é entender que o objetivo do *quebra-gelo* é integrar os participantes e fazer do ambiente de avaliação um espaço mais confiante para o candidato.

Se a empresa contratante e o gestor são informais, e o cargo é focado em atividade experimental, que envolve criatividade, com toda certeza os candidatos envolvidos nesta avaliação serão igualmente descontraídos e informais. Para este caso poderemos optar, por exemplo, por um *quebra-gelo* que envolva movimento de braços, pernas e até mesmo poderemos incluir uma música no contexto. Reforço que é sempre importante lembrar que o *quebra-gelo* tem o objetivo de descontrair, sem desconsiderar o fato de estarmos inseridos num ambiente profissional. Se o seu cliente ou gestor é alguém mais formal, os candidatos envolvidos nesta avaliação serão igualmente formais. Então, vale um *quebra-gelo* que envolva brincadeira, mas que não tenha movimento, dança ou mesmo música.

A técnica de apresentação também deverá ser escolhida de acordo com o perfil do cliente e dos candidatos. Desta forma, por exemplo, se o grupo é formado por estudantes universitários de uma área criativa, trabalhe na apresentação com recorte, colagem, faça os candidatos utilizarem as mãos e a criatividade. Contudo, se o público é mais técnico, faça escolha por uma técnica de apresentação mais tradicional, mesmo que você a incremente com detalhes mais lúdicos.

Na hora de escolher a técnica de desenvolvimento, precisamos considerar os mesmos insumos já relatados para a escolha do *quebra-gelo* e da técnica de apresentação, mas aqui é **muito importante** considerar as **competências técnicas e comportamentais** envolvidas no cargo. Isso determinará a melhor técnica, que deverá possibilitar a avaliação das competências envolvidas no processo. Escolha uma técnica que possa retratar o que o seu cliente quer avaliar nos candidatos, veja se cabe o *case* e, se assim for, elabore um *case* de acordo com a estrutura da área contratante. A etapa de desenvolvimento é crucial para a identificação das competências envolvidas na função, competências comportamentais e mesmo as técnicas, que, dependendo do exercício escolhido, poderão aparecer e ser avaliadas.

Para fechar a dinâmica, no geral, aplicamos uma avaliação de reação rápida e interativa, que servirá de retrato sobre o processo realizado, em que os candidatos comentam sobre como se sentiram no processo, dão *feedback* sobre o que realizaram, e os avaliadores informam sobre as próximas etapas. Novamente, aqui, cabe avaliar quem são os candidatos, quem é o gestor e escolher a melhor ferramenta de avaliação para fechar o processo.

Em suma, uma dinâmica de grupo tem a seguinte estrutura:

– *Quebra-gelo*.

– Técnica de apresentação.

– Técnica de desenvolvimento.

– Fechamento.

Nas técnicas de *quebra-gelo*, **apresentação** e **fechamento**, deve-se, antes de escolher a ferramenta, observar quem são o cliente e os candidatos. Observe o perfil do seu cliente e o perfil dos candidatos para, diante disso, fazer as escolhas das ferramentas de avaliação. **Nestas etapas, o estilo do cliente e o perfil dos candidatos são o que determina a escolha da melhor ferramenta (técnica).**

Já na **etapa de desenvolvimento**, são relevantes para a escolha da técnica as competências envolvidas na avaliação. É importante escolher uma técnica que possa garantir a avaliação das características importantes para aquele cargo ou função envolvidos na seleção.

A técnica de fechamento tem como objetivo fazer com que o candidato, de alguma forma, expresse sua opinião frente às avaliações realizadas até aquele momento. A empresa avalia o resultado do trabalho e das ferramentas aplicadas. É um retrato do grupo e do processo. Reunimos, no acervo, algumas sugestões de técnicas de finalização, que podem ser utilizadas e facilitarão a criação de outras técnicas com igual objetivo.

A Criação da Técnica

2

De posse do perfil da vaga, com o conhecimento da organização e do cliente, gestor da posição, sabendo quem são os candidatos que serão envolvidos na avaliação, tendo em mãos a escolaridade, idade, perfil cultural e de experiência dos envolvidos, devemos considerar as seguintes etapas para a criação das técnicas:

1. Escolha da técnica
2. Criação da técnica

Se você está na etapa 2, significa que já escolheu, de acordo com o seu público-alvo e cliente, as técnicas a serem aplicadas. Podemos partir, então, para a criação.

A) *Quebra-gelo*

Todas as técnicas, antes de elaboradas, devem partir do objetivo. Então, primeiro, **o importante é escrever o objetivo da técnica**. No caso do *quebra-gelo*, o objetivo sempre deverá ser **suavizar o nível de tensão dos candidatos e estimular a integração do grupo**, para que os candidatos se sintam à vontade, ou, pelo menos, mais descontraídos diante dos avaliadores e estes possam analisar de forma mais justa a performance dos candidatos no decorrer da dinâmica. Então, o primeiro ingrediente manipulado em nosso laboratório de idéias, para a criação do *quebra-gelo*, é firmar a atenção no **objetivo do** *quebra-gelo*.

Fórmula para criação do *quebra-gelo*:

1º descrever o objetivo do *quebra-gelo*, firmando nele toda sua atenção;

2º conhecer o **perfil do contratante, estilo do gestor e perfil do candidato**. Isto determinará se aplicaremos um *quebra-gelo* mais lúdico ou mais formal;

3º inicie a criação.

Como já discutimos no Capítulo 1, se o contratante e os candidatos têm um estilo mais descontraído, podemos aplicar uma ferramenta que envolva movimentos de mãos, pés e até música. Do contrário, façamos a opção por algo mais tradicional.

É importante escolher uma ferramenta em que o candidato possa interagir com o ambiente, e, se for possível, que haja movimento. Podemos, por exemplo, contar uma história, rápida e descontraída. Colocamos cada participante dentro desta história e misturamos os *ingredientes* para que haja movimento na sala. Façamos de conta que iremos à feira neste final de semana. Pedimos para cada participante escolher uma fruta de que goste muito, podendo haver repetições ou coincidências. Depois de todos dizerem as frutas, nós escolhemos as duas ou três que se repetiram – por exemplo, maçã e figo – e a cada vez que eu contar a minha história e nela houver o nome da fruta que eu direcionei a ele, ele deve levantar da cadeira e trocar de lugar e, quando eu disser "salada de frutas", todos trocam de lugar.

Na prática eu digo: "Fui à feira este final de semana e vi *maçãs* lindas". Todos os candidatos que receberam o nome *maçã* trocam de lugar. Continuo dizendo: "Percebi que o *figo* também estava lindo". Os candidatos que receberam o nome de *figo* trocam de lugar. Falo depois: "Eu resolvi fazer uma salada de frutas". Neste momento, todos trocam de lugar.

Nesta técnica há movimento e isso faz com que os candidatos se descontraiam, equilibrando o clima de tensão que envolve os processos seletivos. Dessa forma, o objetivo do *quebra-gelo* é atingido e esta etapa facilitará o desempenho dos candidatos nas seguintes.

Vale informar que, no exemplo aqui mencionado, não houve movimento de braços, pernas e música. Sendo assim, é uma técnica que pode ser aplicada tanto para grupos informais quanto para grupos mais formais.

Percebam que à medida que você tem em mãos o objetivo, fica simples criar e inovar as técnicas.

8 LABORATÓRIO DE IDÉIAS

Faz-se necessário também falar sobre o tempo. O *quebra-gelo* é uma **técnica inicial**, que serve para **harmonizar as pessoas e o ambiente**, antes de partirmos para a avaliação. Então, o tempo dedicado a esta etapa não deve ultrapassar 10 minutos.

Apresentaremos nesta obra algumas sugestões de técnicas de *quebra-gelo* que podem ser consideradas. Mas, veja, você pode criar à vontade. À medida que tem em mãos os insumos, perfil do gestor, perfil dos candidatos, firme-se no objetivo da etapa de *quebra-gelo* e crie tantos *quebra-gelos* quantos você quiser e precisar. Desta forma, você terá sempre novidades em seu processo.

B) Técnica de apresentação

Assim como no *quebra-gelo*, a etapa de *técnica de apresentação* deve partir do *objetivo da técnica*.

O objetivo da técnica de apresentação é permitir a inclusão de algum insumo que possa tornar a apresentação em grupo mais prazerosa.

Fórmula para criação da técnica de apresentação:

1º Firmar a atenção no objetivo da técnica, que é **permitir que os participantes possam se apresentar**.

2º Conhecer o **perfil do contratante, estilo do gestor** e **perfil do candidato.** Isso determinará se aplicaremos uma técnica de apresentação com a inclusão de insumos lúdicos, recortes e colagem, ou seguiremos um modelo mais tradicional.

3º Inicie a criação.

Consideramos, então, a premissa maior, que é o objetivo da técnica – **permitir que os participantes possam se apresentar** – e partimos para a criação.

Devemos sempre ter em sala, em local de fácil observação, no *flip*, em quadro magnético ou em algum outro local, o roteiro da apresentação com a indicação do que o candidato precisará falar, nome, idade, formação, resumo da experiência, e outros que considerar importante.

O facilitador sempre inicia a técnica explicando a necessidade de cada um conhecer um pouco do outro, uma vez que teremos uma atividade em grupo. O conhecimento do outro facilitará a interação e o trabalho em equipe. Isso ajudará no objetivo da técnica anterior: tornar o ambiente mais familiar e adequado a uma avaliação mais justa.

No caso de um contratante mais formal, a apresentação seguirá um roteiro tradicional e podemos colocar um insumo extra. Por exemplo, mostrar uma lista de diferentes temas aos candidatos e fazer com que, no decorrer de sua apresentação, eles desenvolvam o assunto/tema escolhido. A escolha do tema deve acompanhar o nível de escolaridade dos candidatos e é indicado que sejam temas gerais da atualidade. Podemos, também, trocar o tema por figuras ilustres, presidentes de conhecimento nacional, artistas, personagens da história, entre outros. Neste caso, o participante, à medida que se apresenta através do roteiro, também escolhe um personagem que considere mais importante; dizendo o porquê.

Aqui também é importante falar sobre o tempo. Desta forma, e como se trata de apresentação em grupo, precisamos permitir que todos também passem todas as informações necessárias, com clareza, mas com objetividade. Sendo assim, o grupo poderá ter cinco minutos para se organizar para o início da apresentação e cada candidato terá dois minutos para se apresentar. Devemos preparar a técnica pensando neste balizador de tempo.

Apresentaremos no acervo algumas sugestões de técnicas de apresentação que podem ser consideradas. Aqui você também poderá criar à vontade. Uma vez que tenha em mãos os insumos, perfil do gestor, perfil dos candidatos, firme-se no objetivo da etapa de apresentação e crie tantos modelos de apresentação quanto você quiser e precisar.

C) Técnica de desenvolvimento

Nesta etapa, o mais importante é avaliar o perfil da vaga e as competências técnicas e comportamentais importantes para o cargo. A partir disso, escolha uma técnica em que você poderá observar de forma mensurável as competências desejadas para o cargo e pelo gestor.

Se a vaga exigir grande foco em atendimento, crie uma técnica em que esta competência seja claramente observável através de exercício em grupo. Se a vaga exigir forte habilidade para trabalhar em equipe, escolha uma técnica em que esta competência seja facilmente observada e mensurada. Se a vaga exigir as duas competências aqui mencionadas e alguma outra tão importante quanto, crie um exercício onde todas elas possam ser observadas.

Fórmula para criação da técnica de desenvolvimento:

1º O primeiro passo é a descrição das competências. Descreva as competências importantes para o cargo ou função.

Exemplo: digamos que, para o cargo no qual você irá trabalhar, as competências comunicação, fluência verbal e objetividade sejam as mais importantes. O primeiro passo é você descrever o que é comunicação. No sentido aqui exposto é ter fluência verbal e objetividade no discurso. Sendo assim, a técnica de grupo deverá valorizar como o candidato se comunica. Devemos elaborar exercícios que favoreçam a exposição oral e a capacidade de síntese.

De posse desta informação, crie à vontade, elabore exercícios de grupo em que, por exemplo, os candidatos tenham que analisar algum texto ou situação, sintetizar e consensar com o grupo.

Digamos que você tenha um outro cargo em que a competência mais importante seja a persuasão. Da mesma forma, é importante descrever o que é persuasão e a descrição deve estar em sintonia com o objetivo do contratante, ou seja, com o perfil da função. Persuasão é a capacidade de convencimento. De posse desta descrição, podemos realizar uma dinâmica com a aplicação de exercícios de consenso em que a capacidade persuasiva dos candidatos será avaliada.

Se, por outro lado, as competências importantes são persuasão, combatividade e relacionamento, descreva estas competências da forma como foram transmitidas pelo seu cliente. Neste caso, digamos que o que se queira é avaliar a capacidade de trabalhar com constantes solicitações emergenciais, em ambiente onde a comunicação não flua adequadamente e a capacidade de se fazer ouvir e entender de forma amistosa, interagindo nas diversas áreas, seja de extrema importância. Se assim for, teremos que preparar uma dinâmica, possivelmente neste caso um *case*, onde as situações propostas tragam um ambiente próximo da realidade do contratante e possamos avaliar o nível das competências aqui mencionadas em cada candidato, que, dentro de uma situação de pressão, seja combativo e amável ao mesmo tempo, fazendo-se ouvir e sendo recebido com respeito e atenção.

Quando você estiver diante de competências como estas, descritas e alinhadas a situações específicas, estará diante de **uma necessidade de preparação de um "case"**.

2º Inicie a criação

Apresentaremos no acervo algumas sugestões de técnicas de desenvolvimento que podem ser consideradas. Novamente, aqui você também poderá criar à vontade. À medida que tem em mãos os insumos, perfil da vaga e competências, descreva estas, identifique o que precisa avaliar de forma mensurável e crie à vontade.

Quando a necessidade for elaborar um *case*, observe que o mesmo deve ser escolhido como técnica de seleção, quando estamos diante de um público com um perfil cultural e nível de experiência mais elevados e que deverá ter competências técnicas e comportamentais para o cargo em avaliação, que serão mais adequadamente verificadas em situações similares à realidade empresarial.

No geral, utilizamos o *case* para cargos de gestão, ou cargos que exijam competências gerenciais. As competências gerenciais a que me refiro, são: autogestão, autonomia, iniciativa, negociação e tomada de decisão.

Os *cases* devem conter uma descrição das atividades desenvolvidas pela empresa ou instituição, simulada no estudo de caso.

Vale informar que hoje não existe qualquer material que fale sobre os *cases* e sua elaboração. O único material existente está em Harvard. Lá, eles estudam os *cases* não para processos seletivos, mas como técnica de ensino-aprendizagem.

Em Harvard, a metodologia aplicada para o desenvolvimento dos alunos são os *cases* e existe um comitê, chamado comitê de Harvard, que investiga os tipos de utilização de materiais de casos no processo ensino-aprendizagem. Como é o único material que faz *link* com este tipo de metodologia, utilizaremos as referências, mas faremos as devidas adequações para o nosso objetivo, que é avaliação de candidatos.

O **Método do *Case*** merece um capítulo à parte.

D) Técnica de finalização

Para a criação da técnica de finalização, você deve ficar atento ao objetivo que é fechar o processo de modo que o candidato consiga falar sobre o seu sentimento durante o mesmo e o condutor tenha um retrato do grupo, um *feedback* da dinâmica. Apresentamos no acervo algumas sugestões e, a partir delas, solte a sua imaginação, crie.

O Método do *Case* ou Estudo de Casos

Um *case* é uma descrição de uma decisão ou de um problema. O autor de *cases* precisa relatar com a máxima habilidade os fatos relevantes da situação, na época em que a decisão precisava ser tomada, ou quando o problema existia.

O método do *case* proporciona aos avaliados uma oportunidade de se colocarem no lugar de alguém que tomará uma decisão sobre um problema verídico ou fictício. Através da análise pessoal repetida, a discussão com outros, definição do problema, identificação de alternativas, declaração de objetivos e critérios de decisão, escolha de uma estratégia de ação e plano para sua implementação, os candidatos conseguem uma oportunidade para desenvolverem habilidades analíticas e de planejamento, num ambiente que pode ser comparado a um laboratório.

Por ser situação similar a um laboratório, evitamos inferências e facilitamos as avaliações das competências comportamentais e até técnicas.

DEFINIÇÃO DE OBJETIVOS

O passo inicial no processo de elaboração de casos é definir os seus objetivos, do ponto de vista do solicitante e do cargo que se quer avaliar. Isso consistiria, basicamente, em responder a seguinte pergunta:

Que conceitos técnicos e/ou aspectos comportamentais quero que sejam cobertos pelo caso?

Material para Elaborar o *Case*

Busca de Indicações

Como são encontradas situações que fornecerão material para satisfazer as necessidades de elaboração de um *case* (Estudo de Casos)? Onde começar a procurar? O objetivo é localizar situações de casos.

Fontes Potenciais

– Troca de experiências com colegas de trabalho
– Artigos e revistas especializadas

Compilação e Redação

Conteúdo

Que informações um *case* deve conter? Quantas informações devem ser incluídas? O que deve ser excluído? E onde deve terminar o caso? Os autores de casos freqüentemente os terminam quando ficam sem dados. Às vezes, isto não é aconselhável, porque os dados podem incluir a solução realmente empregada. Assim, o ponto de interrupção vem freqüentemente mais cedo, num local mais apropriado, antes da apresentação da solução. **Verificar no acervo exemplos de *cases* ou estudos de casos, já desenvolvidos pela ALLIAGE.**

Ocasionalmente, um autor pode relevar num caso a solução ou as decisões reais tomadas pela empresa, quando relata um caso verídico. Não existe unanimidade alguma quanto a isto ser uma boa coisa a fazer. A maior parte dos outros encerra os casos perto da solução e deixa o aspecto da tomada de decisão para o candidato, permitindo assim que a carga de análise recaia sobre os seus ombros.

A inclusão de perguntas-guia, no princípio ou no fim de casos, é outra área de debate. Fica a critério de quem elaborou o *case* ou estudo de caso se as perguntas devem ser incluídas. Acredito que esta decisão depende da complexidade da vaga em questão e do que se quer avaliar.

Quanto de material se deve apresentar em um caso?

Isto vai depender, em grande parte, do tipo de caso que é escrito. Existem casos simples, que só têm um problema. Estes podem ser controlados com relativa facilidade e sem demasiada elaboração.

Outras vezes, o caso pode ser complexo. Os problemas podem ser numerosos e não evidentes. O caso pode ser longo, com a intenção de tornar difícil para o leitor compreender um ponto importante.

O *case* ou estudo de caso pode ser para um cargo elementar e, portanto, simples; ou pode ser para um cargo avançado, o que significa que lidará com um ou mais problemas complexos.

O importante é que o autor de casos precisa ser seletivo, porque não podem ser incluídos todos os fatos observados. Da mesma forma, precisa se assegurar de que foram incluídas todas as informações necessárias. Todos os fatos relevantes, que estejam disponíveis, devem ser incluídos.

Parágrafo Inicial

O parágrafo inicial do *case* ou estudo de caso é, geralmente, uma declaração colocando o problema do caso.

- Breve apresentação da organização (nome, setor de atividades, principais produtos, etc.).
- Local e época que ocorreu o caso.
- Breve descrição do problema/situação do caso.

A seguir apresentamos um exemplo de um parágrafo inicial originário de um caso real, o estudo de caso da Kraft:

"Desde o início de 2006, as peças publicitárias do biscoito recheado *Trakinas*, da bebida em pó *Tang* e de outros produtos fabricados pela Kraft no Brasil – subsidiária da segunda maior companhia de alimentos do mundo e detentora de marcas como *Lacta* e *Nabisco* – não são mais exibidas em intervalos de programas infantis. Seguindo a orientação da matriz nos Estados Unidos, a empresa não veicula mais comerciais de seus produtos em canais de TV cuja audiência seja exclusiva de crianças com menos de 6 anos de idade. Para o público com faixa etária entre 7 e 12 anos, a comunicação prevê restrições: as propagandas devem se dirigir aos pais ou responsáveis e valorizar os nutrientes dos produtos.

A decisão de restringir a veiculação da propaganda ao público infantil está relacionada aos índices crescentes de obesidade e sedentarismo. 'Entendemos que nossa comunicação deveria ser dirigida à mãe, porque é ela que decide se a criança pode ou não pegar um pacote de biscoitos', diz Macedo. A campanha publicitária de *Tang* é um exemplo. O anúncio comunica que o produto tem vitaminas A e C e ferro, e apresenta a mãe do personagem decidindo o momento em que o filho vai consumir a bebida."

Fonte: http://portalexame.abril.com.br

Se você estiver à frente de um grupo de profissionais da área de publicidade e marketing, poderá utilizar este *case* acima como base e solicitar aos candidatos que escolham um produto que hoje é focado em um determinado público e liste suas principais características.

Defina um outro tipo de público-alvo para este mesmo produto e crie estratégias de marketing/publicidade para divulgação.

Tabelas

O uso de tabelas em casos apresenta uma série de vantagens, entre as quais cabe salientar:

- Maior clareza na apresentação de dados.
- Maior facilidade em identificar as relações existentes entre os dados.
- Redução do volume de páginas manuscritas.
- Redução no tempo necessário para análise do caso e o que deve ser considerado para um processo seletivo.

Estilo e Enredo

Uma exigência básica quanto ao estilo é que o português deve estar absolutamente correto. Igualmente importante é que a redação seja fácil, fluente, evitando-se o uso de estilo e expressões literárias. Espera-se do autor de *cases* ou estudo de casos que ele escreva na linguagem de negócios.

"Um caso precisa ser reconhecido como tendo uma certa estrutura, uma anatomia própria. (...) Existe, por exemplo, *uma estrutura de tempo* – um caso tem lugar, uma situação de negócios tem lugar no tempo. E deve existir uma percepção bastante clara do candidato de qual foi a seqüência de tempo dos acontecimentos que tiveram lugar neste caso. (...) Além de uma estrutura de tempo, (o caso) precisa de uma *estrutura de narrativa*" (Citação dos estudos de Harvard).

Observa-se que não existe apenas uma seqüência no tempo dos acontecimentos, mas as coisas que aconteceram e as circunstâncias em que aconteceram precisam ser narradas em alguma estrutura compreensível. Onde começaram, ao que levaram, e assim por diante. Em outras palavras, existe o fluxo de uma história. E, claramente, devem existir uma ou mais *estruturas de exposição* no caso.

Existe a situação em si, que o autor precisa tornar clara para o candidato, lembrando-se de que ele não terá a percepção que o autor tem.

Um caso não é apenas uma narrativa amena, em que não existe nem pergunta nem problema. Um caso envolve um problema de alguma espécie.

O caso deve:

- Ser objetivo.
- Utilizar citações diretas de documentos e outras fontes.
- Usar poucos adjetivos.
- Evitar introduzir o julgamento do autor.
- Ser relatado, sempre que possível, respeitando a ordem cronológica em que os acontecimentos ocorreram.
- Conter, eventualmente, comentários do seu autor, a fim de destacar alguns dos problemas para análise dos candidatos.

Diálogo e Citações

Ao transcrever um diálogo, o seguinte procedimento deve ser seguido:

- Evitar o uso de aspas.
- Usar o nome ou título das pessoas envolvidas no diálogo cada vez que elas se exprimem.

Por exemplo:

Sr. Pascoal: As informações de que dispomos são insuficientes para que possamos tomar uma decisão.

Sr. Olívia: Sendo assim, gostaria que vocês verificassem todos os relatórios de vendas dos últimos cinco anos...

> Citações de materiais devem ser copiadas literalmente. É lógico que erros de impressão devem ser corrigidos. Citações curtas podem ficar dentro do texto, entre aspas. Citações mais extensas, porém, devem ser separadas do texto, em parágrafo especial.

Parágrafo Final

Assim como o parágrafo inicial, o parágrafo final assume grande importância no caso. Ele poderá servir aos seguintes objetivos, entre outros:

- Indicar o momento no tempo e na narração em que a decisão precisa ser tomada.
- Sumarizar os problemas principais constantes do caso.
- Indicar o recurso disponível para a tomada de decisão.
- Indicar as alternativas de ação existentes ou a considerar.
- Indicar o aparecimento de novos fatores que tornam urgente a tomada de decisão.

Muitas vezes, o parágrafo final repete, para maior ênfase, algumas das declarações do parágrafo inicial.

As referências bibliográficas podem constar de notas de rodapé ou de uma bibliografia em anexo ao caso.

ACERVO

Este acervo tem por objetivo apresentar um vasto sortimento de técnicas para ajudar os profissionais de Recursos Humanos a montar uma dinâmica de grupo.

Apresentaremos algumas opções de técnicas de *quebra-gelo*, apresentação, desenvolvimento (*cases*) e técnicas de finalização.

Dentre as técnicas de *quebra-gelo*, apresentação e finalização, embora muitas sejam inéditas e tenham sido preparadas pela minha equipe de especialistas em inteligência de seleção e por mim, algumas podem ser similares àquelas que o leitor já viu, ouviu falar, ou mesmo aplicou. Mas, dentre os *cases* aqui apresentados, todos foram exclusivamente preparados pela minha equipe de profissionais de RH e por mim para demandas específicas e customizados de acordo com a empresa, cargo e objetivos da avaliação.

QUEBRA-GELOS

Palavras Compostas

Objetivo: Abertura, integração e descontração.

Número de participantes: 10 a 20.

Desenvolvimento: Distribuir para o grupo papéis contendo pares de **palavras compostas** e informar para somente abrir após a autorização do facilitador.

1º comando: O facilitador informa que todos receberam palavras compostas e que eles devem identificar uma outra pessoa que tenha uma palavra que seja igual a sua. Formar pares e sentar ao lado desta pessoa.

2º comando: O facilitador informa que cada dupla terá que criar uma maneira de expressar de forma *não-verbal* a palavra que eles possuem em mãos, dentro de um tempo máximo de 1 minuto. Os dois participantes devem estar envolvidos de alguma forma nesta apresentação. Só poderão sentar quando a palavra for identificada pelo grupo.

Comentários:

No caso de o número de participantes ser ímpar, um assistente ou mesmo um outro participante que já se apresentou poderá formar a dupla com quem sobrar.

Sugestões de palavras

PORTA-RETRATO	PORTA-RETRATO
GUARDA-CHUVA	GUARDA-CHUVA
SUPER-HOMEM	SUPER-HOMEM
PÔR-DO-SOL	PÔR-DO-SOL
PÁRA-QUEDAS	PÁRA-QUEDAS
PÉ-DE-MOLEQUE	PÉ-DE-MOLEQUE

Ao Som da Música e Seguindo o Comando

Objetivo: Abertura, integração e descontração.

Número de participantes: 10 a 20.

Desenvolvimento: É colocada uma música e o facilitador convida a todos a começarem a dançar livremente pela sala. Informar ao grupo que, ao parar a música, o facilitador vai dizer duas partes do corpo. Ex.: Cotovelo para joelho! Os jogadores imediatamente devem procurar um parceiro e unir ou encostar as partes do corpo que foram pedidas. A música recomeça, todos saem dançando até parar de novo e novas partes do corpo serem solicitadas. Destacar que caso o facilitador fale "Gente pra Gente" todos devem começar a se saudar da maneira que lhe convier.

Apresentação Energizante

Objetivo: Abertura, integração e descontração.

Número de participantes: 10 a 20.

Desenvolvimento: O facilitador coloca uma música animada/energizante. Diz que vamos começar a nos apresentar, porém de uma forma descontraída. O facilitador coloca no quadro o número 1, associando a ele a frase "muito prazer, meu nome é..."; o número 2, associando a ele a frase "muito prazer (nome da pessoa)"; e o número 3, associando a ele uma saudação. Explica, então, que quando o facilitador gritar 1, a pessoa procura um colega mais próximo e se apresenta; no 2, a pessoa cumprimenta o colega, dizendo o nome dele(a); e no 3 apertam as mãos. JÁ VIRAM A CONFUSÃO? É MUITO DIVERTIDO.

Café com RH

Objetivo: Abertura, integração e descontração.

Número de participantes: 10 a 20.

Desenvolvimento: Formar duplas aleatoriamente. Dizer que vamos começar a nos apresentar, porém de uma forma descontraída. Participantes irão se conhecer como se estivessem participando de um café. Facilitador deve colocar guia de principais perguntas para facilitar o *quebra-gelo* inicial. Informar que cada um terá dois minutos para conhecer o outro colega. Ao final, o facilitador se aproxima de cada dupla no café, a fim de ser apresentado e o candidato A apresenta o B, e vice-versa.

Sugestões de perguntas:

Além das informações pessoais e profissionais básicas que você deseja saber, coloque também perguntas do tipo:

1) Que característica sua só é reconhecida pelos outros depois de algum tempo de convivência?
2) Relate uma situação que lhe remeta a um momento de grande aprendizado.
3) Qual a personalidade que você mais se identifica e por quê?
4) Que característica sua você venderia por R$ 1,00?
5) Relate algo que você não curte, mas faz por algum motivo.
6) Relate algo que você curte, mas não faz.
7) Qual é sua característica marcante de acordo com a opinião dos seus amigos e conhecidos?

Substantivo

Objetivo: O exercício tem por finalidade "quebrar o gelo" inicial existente nos processos seletivos, para que os candidatos possam participar de forma mais natural da dinâmica de grupo propriamente dita.

Número de participantes: Indefinido

Material: Papel e caneta

Desenvolvimento: Em círculo, os participantes devem estar de posse de um pedaço de papel e caneta. Cada um deve escrever um substantivo ou adjetivo sem permitir que os outros vejam. Em seguida, deve-se passar o papel para a pessoa da direita para que esta represente em forma de mímicas. Podendo representar uma palavra mais fácil, dividi-la e juntar com outra para explicar a real palavra escrita pelo participante, sendo proibido emitir qualquer tipo de som.

Tempo: 10 minutos para um grupo de até 12 participantes.

Bom-dia

Objetivo: *Quebra-gelo*, baixar o nível de tensão dos candidatos, promover uma forma diferente de desejar um "bom-dia" e estimular a integração do grupo.

Número de participantes: Indefinido

Material: Papeletas contendo sugestões de atividades (nas páginas seguintes)

Desenvolvimento: O coordenador deve distribuir antecipadamente as papeletas a cada um dos participantes, de preferência colocando-as nas carteiras antes que as pessoas entrem na sala.

Ele deverá comentar com o grupo que estas papeletas representam uma forma diferente de nos cumprimentarmos, de nos darmos "bom- dia".

Todos poderão abrir as papeletas e colocar em prática as sugestões, transformando a sala em um ambiente dinâmico e alegre.

OBS.: Participantes que tiverem atividades que envolvam todo o grupo ao mesmo tempo deverão ficar para o final, objetivando a atenção de todos.

Papel do coordenador: O coordenador deverá estimular para que todos participem do exercício, ficando atento a quem possa estar com dificuldades em realizar a tarefa, visando a ajuda.

Tempo previsto: 10 minutos.

Sugestões de Atividades:

CUMPRIMENTAR OS COLEGAS DE GRUPO COM UM ABRAÇO

RECITAR UMA POESIA

CANTAR UMA MÚSICA DA QUAL VOCÊ GOSTE, JUNTO COM O GRUPO

BRINCAR DE RODA COM OS COLEGAS

PROPOR UM GRITO DE GUERRA PARA QUE TODOS GRITEM JUNTOS

IMITAR UM PERSONAGEM CONHECIDO

VENDER ALGUMA COISA INTERESSANTE (ALGO QUE TENHA COM VOCÊ) PARA OS COLEGAS

FAZER UMA DECLARAÇÃO DE AFETO A UM DOS PARTICIPANTES

CONTAR UMA PIADA PARA O GRUPO

IMITAR O GRITO DO TARZAN

SUBIR NUMA CADEIRA E FAZER UM DISCURSO DEFENDENDO A TESE DE QUE NINGUÉM DEVERIA POSSUIR NOMES PRÓPRIOS. MAS, SIM, SER IDENTIFICADO POR UMA PEÇA DE ROUPA, TIPO: "Camisa Verde".

FAZER UMA DECLARAÇÃO DE AMOR PARA UM PARTICIPANTE DO SEXO OPOSTO

DANÇAR SOZINHO UMA VALSA QUE SERÁ CANTADA PELO GRUPO

TRANSMITIR UMA PARTIDA DE FUTEBOL, IMITANDO UM LOCUTOR GAGO

PROPOR UMA BRINCADEIRA QUE ENVOLVA TODO O GRUPO

Todos no Mesmo Barco

Objetivo: *Quebra-gelo*, baixar o nível de tensão dos candidatos, promover uma forma diferente de desejar um bom dia e estimular a integração do grupo.

Número de participantes: Indefinido, BOA PARA GRANDES GRUPOS.

Material: Nenhum

Desenvolvimento: O coordenador deve informar ao grupo que eles farão uma brincadeira. O coordenador contará uma história sobre um barco que está viajando em alto-mar e toda vez que o coordenador disser o barco virou para a direita, os participantes devem trocar de lugar com quem está a sua direita. Quando o coordenador disser que o barco virou para a esquerda os participantes devem trocar de lugar com quem está a sua esquerda. Quando o coordenador disser o barco afundou, todos trocam de lugar.

Papel do coordenador: O coordenador deverá estimular para que todos participem do exercício, ficando atento a quem possa estar com dificuldades em realizar a tarefa, visando à ajuda.

Tempo previsto: 10 minutos

TÉCNICAS DE APRESENTAÇÃO

Exercício: "Torre Eiffel"
Atração Turística

Objetivo: Apresentação dos candidatos.

Número de participantes: 15 a 20.

Material: Texto "Torre Eiffel" (página seguinte), revistas, jornais, tesoura, cola e folhas de papel pardo. Tempo previsto: 40 minutos, para um grupo de até 12 participantes.

Duração: Cinco minutos para a leitura, recorte e colagem e um minuto de apresentação por participante.

Procedimento: Imagine que você é um profissional de sucesso. Afinal, conseguiu passar pelas primeiras etapas do processo seletivo desta organização. Apesar de ter obtido bons resultados nas provas e de estar dentro dos critérios do processo seletivo, o número de vagas é inferior ao número de candidatos aprovados, até o momento, e você precisa atrair votos positivos a seu favor.

Levando as informações acima em consideração, monte uma apresentação sua, utilizando os recursos disponíveis.

Lembre-se de que você precisa comentar:

1. Como foi a sua opção de carreira?
2. Qual a sua característica marcante costuma ser percebida dentro do ambiente de trabalho e também no ambiente familiar?
3. Qual a característica que você sabe que é um ponto seu a desenvolver?
4. Por que a (NOME DA EMPRESA)?
5. O que você pode agregar a (NOME DA EMPRESA) e o que a (NOME DA EMPRESA) poderá agregar a sua carreira?

Recorte gravuras, reportagens, faça um painel sobre você, faça a sua autobiografia. Você terá 10 minutos para elaborar e dois minutos para se apresentar. Ao final da sua apresentação comente sobre a premissa anteriormente mencionada.

Lembre-se: Ao final de sua apresentação, comente sobre o texto da Torre Eiffel (sua análise e percepção).

Texto: "TORRE EIFFEL"

A França é o país que mais recebe turistas no mundo e, em conseqüência, a Torre Eiffel, seu principal monumento, é o lugar mais visitado por turistas no planeta. Nas altas temporadas, as filas para ver Paris do alto dos 320 metros da torre chegam a durar três horas.

Isso quer dizer que, se o monumento fosse uma empresa, seu último problema seria ter clientes. Mesmo assim, ano a ano, algo de novo é planejado para atrair mais gente para o local. No final de dezembro de 2004, por exemplo, foi inaugurada uma pista de patinação gratuita. Com 200 m² de extensão, na altura do primeiro andar da torre, tinha aroma de baunilha, luzes de boate e foi oficialmente lançada pelo casal de patinadores Sarah Abitbol e Stéphane Bernardis, vice-campeões mundiais da categoria. Para patinar, os clientes pegam os patins emprestados.

Todo esse aparato tinha um objetivo claro: atrair, além dos turistas, também os franceses para o célebre monumento e, conseqüentemente, engordar o já "gordinho" caixa da torre.

A Festa

Objetivo: Apresentação dos candidatos e *quebra-gelo*.

Número de participantes: 15 a 20.

Material: Papel e caneta em quantidade adequada para o grupo.

Duração: Três minutos para a atividade em grupo e um minuto de apresentação por participante.

Procedimento: Pedimos aos participantes para imaginarem que estão numa festa. Cada participante deverá descobrir duas coisas diferentes sobre as pessoas. Os participantes não poderão dar a mesma informação a todos. Após cinco minutos é formado um círculo com os participantes, e o coordenador questiona quem colheu uma informação interessante sobre determinado candidato. De forma espontânea, a resposta é dada, e o candidato aproveita a característica citada para fazer a sua apresentação ao grupo. O coordenador questiona, então, quem colheu uma informação interessante sobre o candidato que respondeu a característica do candidato anterior, e assim segue até que todos os participantes tenham a oportunidade de se apresentar.

Roteiro de Apresentação:
- Complemento ao que foi dito
- Nome
- Idade
- Formação
- Por que almeja esta oportunidade?

Apresentação pelas Competências Escolhidas

Objetivo: Apresentação dos candidatos.

Número de participantes: 15 a 20.

Material: Ficha com relação das competências.

Duração: 2 minutos para a apresentação por participante.

Procedimento:

1) Apresentar ficha com competências listadas e pedir para que o candidato escolha uma.
2) O candidato deverá se apresentar, mencionando sua escolha e aspectos como: nome, idade, formação, experiências pessoais, profissionais ou acadêmicas relevantes.
3) O avaliador fará perguntas ao longo da apresentação.

As fichas terão as seguintes competências que forem relevantes para a função e/ou cargo em questão. Abaixo alguns exemplos:

- Comunicação.
- Tomada de decisão.
- Agilidade.
- Flexibilidade.
- Iniciativa.
- Criatividade.
- Sociabilidade.
- Organização.
- Planejamento.
- Objetividade.
- Tranqüilidade.
- Comprometimento.
- Espírito de equipe.
- Ousadia.

Apresentação Não-verbal

Objetivo: Conhecer cada participante da dinâmica, possibilitando melhor avaliação da fluência verbal, capacidade de improviso, objetividade e criatividade.

Número de participantes: 12 a 15.

Material: Folha de papel A4 e canetas.

Duração: Instrução do exercício: 5 min.

Desenvolvimento: 32 min.

Procedimentos: O grupo receberá as seguintes instruções:

- Vocês receberão inicialmente uma folha onde colocarão o seu nome e uma característica marcante de sua personalidade.
- O instrutor recolherá as folhas e dará as seguintes instruções: individualmente vocês terão 1 min para realizar uma apresentação pessoal, seguindo o roteiro afixado no *flip-chart*.

Roteiro: Nome, idade, escolaridade, metas profissionais.

Posteriormente terão mais 1 min para apresentar de forma não-verbal a sua característica marcante.

Exercício: Árvore

Objetivo: Apresentação dos candidatos.

Número de participantes: 12 a 15.

Material: Etiqueta e caneta em quantidade adequada para o grupo.

Duração: 10 minutos para a atividade individual e dois minutos de apresentação por participante.

Procedimento: Pedir aos participantes que separem 10 etiquetas e que em cada uma coloquem o nome das cinco pessoas mais importantes de suas vidas. Não importa se estas pessoas foram boas ou ruins, mas que, de alguma forma, os tenham influenciado a ser quem são hoje.

Orientar aos participantes a colarem as etiquetas no seu corpo. Ao final, todos representam árvores que cresceram, deram frutos e receberam energia das pessoas que estão nelas coladas.

Agora, peça a cada um que vá ao centro do grupo e inicie a sua apresentação, obedecendo ao seguinte *script*:

1. Como se deu a escolha das cinco pessoas? Ficou alguém de fora?
2. Agora retire uma a uma as etiquetas e diga o que representa para a sua vida esta pessoa e quais ensinamentos ela lhe proporcionou?
3. Que frutos esta árvore já deu? Que frutos esta árvore ainda não pode dar? Que tipo de "adubação" precisa?

Alguns Aspectos que Podem ser Observados

- Objetividade, valores, prioridades, capacidade de apresentar idéias obedecendo a uma seqüência lógica e harmoniosa, e se é clara a sua comunicação.

Auto-retrato Desenhado

Objetivo: Promover a apresentação dos candidatos de uma maneira criativa.

Duração: 10 minutos para confecção dos bonecos e dois minutos para apresentação de cada candidato.

Material para aplicação: Diferentes bonecos desenhados em folhas ou cartolina, papel A4, canetas coloridas e giz de cera.

Procedimento:

- Cada participante fará um boneco num papel A4.
- Pede-se para colorirem o boneco de uma maneira que se auto-retratem.
- Ao final, os candidatos terão que relatar os seguintes aspectos que estarão visíveis no *flip-chart*:

    1. Saindo da boca, fazer uma frase com seus dados pessoais (nome, idade, formação).
    2. Saindo do coração, fazer três setas indicando três dos seus valores.
    3. Na mão direita escrever uma meta que gostaria de alcançar.
    4. Em um dos braços escrever as experiências de estágio/profissional/internacional que "abraçou" até então.

OBS.: O facilitador dará as instruções e mais cinco minutos para escreverem o solicitado.

Exercício: Autobiografia

Biografia e o Desenvolvimento Pessoal e Profissional

O trabalho com biografia humana, no contexto organizacional, nos dá um sentido bem amplo de que a vida humana pode ser comparada a um filme do qual cada um de nós é o principal ator, diretor e roteirista.

A somatória de cada encontro, desencontro, eventos, momentos, emoções, ações ou omissões que temos ao longo da vida neste contexto nos faz ser o que somos hoje e faz da nossa biografia pessoal o nosso PATRIMÔNIO EXISTENCIAL, no qual podem ser localizados os nossos potenciais pessoais e profissionais.

A biografia e a carreira profissional são os dois aspectos fundamentais em nossa existência: da qualidade do nosso trabalho, das oportunidades para aprender, do grau de realização profissional e da satisfação pessoal que o trabalho nos oferece em grande parte da qualidade de nossas vidas.

Neste exercício, cada participante, com base em sua "história de vida", fará uma apresentação para o grupo através de um painel de gravuras. É um momento em que cada participante tem para falar de si próprio e serve como um exercício de apresentação.

Os candidatos terão 10 minutos para preparar o painel de apresentação e cada um terá dois minutos para a execução da mesma.

Alguns Aspectos que Podem ser Observados

- Objetividade, valores, prioridades, capacidade de apresentar idéias obedecendo a uma seqüência lógica e harmoniosa, e se são claras as comunicações oral e escrita.

Exemplos de Perguntas Provocativas que Deverão ser Sinalizadas para que o Candidato Prepare seu Painel

- Quais os dois fatos mais marcantes de sua vida?
- Fale-me sobre seus objetivos de vida.

- Descreva a si próprio com quatro adjetivos.
- Fale sobre sua filosofia de vida.
- Se você não precisasse de dinheiro, o que estaria fazendo?
- Como é o trabalho dos seus sonhos?
- Para você, qual é o perfil de uma pessoa ideal ou próxima disso?

Material: Revistas, jornais, tesoura, cola e folhas de papel pardo.

Tempo previsto: 45 minutos, para um grupo de até 15 participantes.

Minha Bandeira

Objetivo: Apresentação dos candidatos e integração grupal.

Número de participantes: 12 a 15.

Material: Papel com o desenho explicativo, as baneiras em nossa história, para cada participante e caneta em quantidade adequada para o grupo.

Duração: Cinco minutos para a atividade individual e dois minutos de apresentação por participante.

Procedimento: O facilitador distribui as folhas com as bandeiras em nossa história para cada participante e explica o exercício.

Nesta atividade cada um vai criar a sua bandeira. Cada um vai desenhar a sua bandeira.

Ao final, o facilitador pede que cada um apresente a sua bandeira.

Anexo: As bandeiras em nossa história.

As Bandeiras em Nossa História

	Bandeira da Ordem de Cristo	Primeira hasteada em solo brasileiro
	Bandeira Real	A primeira do Reino de Portugal, nas naus do descobrimento
	Bandeira de D. João III	Usada no Brasil durante a Colonização
	Bandeira do Domínio Espanhol	Bandeira utilizada durante o domínio espanhol em terras portuguesas
	Bandeira da Restauração	Bandeira do Reinado de D. João VI, marca o fim do domínio espanhol
	Bandeira do Principado do Brasil	Primeiro sinal de presença do Brasil, no campo político mundial, como parte integrante da nação portuguesa
	Bandeira de D. Pedro II, de Portugal	Bandeira do reinado de D. Pedro II, utilizada após a morte de D. Afonso VI
	Bandeira do Reino Unido de Portugal, Brasil e Algarves	Bandeira do período de D. João VI
	Bandeira do Regime Constitucional	Última a tremular no Brasil com traços que lembram Portugal
	Bandeira Imperial do Brasil	Marca da emancipação política do Brasil
	Bandeira Provisória da República	Utilizada de 15 a 19 de novembro de 1889, sendo substituída pela atual
	Bandeira Nacional	

Com base nesta retrospectiva sobre as bandeiras em nossa história, faça a sua bandeira pessoal:

- **Nome da bandeira** – Coloque o seu nome ou apelido.
- **Frase central da bandeira** – Coloque a frase que norteia a sua vida.
- **Divida a bandeira em quatro partes** e em cada uma delas informe:
    1. Seu objetivo e o que você pode fazer para atingi-lo.
    2. Sua melhor característica técnico-profissional.
    3. Um sonho.
    4. Desenho que represente o traço marcante de sua personalidade.

Escolha o Tema e se Apresente

Objetivo: Promover a apresentação de modo a observar competências como: comunicação, objetividade, clareza de idéias, agilidade.

Duração: 10 minutos para reflexão dos temas, cinco minutos para apresentação de cada candidato.

Para um grupo de 15 pessoas: 1h e 10 minutos, aproximadamente.

Material para aplicação: Lista de temas previamente escolhidos, expostos em cartolina ou *flip-chart*.

Procedimento:
- Mostrar uma lista de diferentes temas aos candidatos.
- Fazer com que, no decorrer de sua apresentação, o candidato desenvolva sobre o assunto/tema escolhido.
- Conceder 10 minutos para a elaboração de sua apresentação.
- O candidato terá três minutos para a sua apresentação mais dois minutos para abordar o tema. Total: cinco minutos.
- Em sua apresentação, mencionará: seu nome, idade, formação, experiências de estágio, profissionais e internacionais e, em seguida, o seu tema de forma objetiva.

TEMAS
Sugestões de Temas para as "Apresentações"

- Movimento dos Sem-Terra
- Implante de Silicone
- Cirurgia Plástica
- Vestibular
- Carreira
- Trabalho em Equipe
- Empreendedorismo
- Futuro
- Casamento
- Receber ou Oferecer "Propina" (suborno)
- Ecologia
- Dinheiro
- Família
- Sexo
- Internet
- Qualidade de Vida
- Células-tronco
- Responsabilidade Social
- Metas

Escolhas

Objetivo: Apresentação dos candidatos e integração grupal.

Número de participantes: 15 a 20.

Material: Papel e caneta em quantidade adequada para o grupo.

Duração: Cinco minutos para a atividade individual e um minuto de apresentação por participante.

Procedimento:

- Cada participante, ao receber sua folha, deverá dividi-la em quatro partes, escrevendo ao alto de cada uma delas seu nome.
- Cada participante deve anotar no papel três a quatro aspectos pessoais/profissionais, de acordo com os seguintes quadrantes: GOSTO/FAÇO, GOSTO/NÃO FAÇO, NÃO GOSTO/FAÇO, NÃO GOSTO/NÃO FAÇO.
- Terminando de elencar os exemplos, os conteúdos são compartilhados com o grupo.

Exposição de Arte

Objetivo: Promover a apresentação de cada candidato de forma clara e criativa.

Duração: 5 minutos para a escolha do objeto e 2 minutos para apresentação de cada candidato.

Material para aplicação: Chapéus, bijuterias, chaves, acessórios em geral.

Procedimento: Dispor os objetos sobre uma parte da sala, como uma exposição. O grupo deve ficar em círculo.

O diretor (facilitador) convida todos a visitar uma "exposição de arte", e cada um deve escolher um objeto com o qual se identifique, que tem a ver consigo.

Feitas as escolhas, retornam aos seus lugares (com o objeto), e comentam o significado da escolha.

- O seu nome
- A sua idade
- Formação
- Suas experiências
- Idioma

Exercício: Faça a sua Venda

Todos somos vendedores, independente da profissão que escolhemos.

Vendemos no dia-a-dia nossas idéias, nossos projetos e nossa imagem pessoal. O bom vendedor é um jogador, reagindo de forma interativa ou reativa.

Partindo da premissa acima, elabore a sua apresentação utilizando os recursos disponíveis.

Lembre-se de que você precisa comentar:

1. Como foi a opção pelo curso de graduação?
2. Qual a sua característica marcante, que é percebida dentro dos ambientes nos quais você circula ou circulou: faculdade, família, trabalho?
3. Que característica você ainda precisa desenvolver?

Recorte gravuras, reportagens, faça um painel sobre você, faça a sua autobiografia. Você terá 10 minutos para elaborar e dois minutos para se apresentar. Ao final da sua apresentação comente sobre a premissa acima.

Material: Revistas, jornais, tesoura, cola e folhas de papel pardo. Tempo previsto: 45 minutos, para um grupo de até 15 participantes.

Minha Pizza

Objetivo: Levar os candidatos a fazerem uma apresentação pessoal de forma criativa, demonstrando capacidade de análise e síntese.

Duração: 15 minutos para a preparação do material e três minutos para a apresentação de cada candidato.

Para um grupo de 15 pessoas: 60 minutos aproximadamente.
Para um grupo de 20 pessoas: 1h e 15 minutos aproximadamente.

Material para aplicação: Folha de papel A4, revistas, cola, hidrocor, giz de cera, etiquetas auto-adesivas e canetas.

Procedimento: O facilitador deverá escrever no *flip-chart* as perguntas descritas abaixo e disponibilizar folhas para apresentação (papel A4), revistas, colas e demais materiais. O exercício tem por objetivo apresentar-se de forma diferente, utilizando-se da **metáfora de uma pizza para a vida pessoal e profissional**. Cada candidato deve valorizar sua pizza, deixando claro:

- Qual o recheio (competências relevantes em você)?
- O que tem de diferente na receita (mostre o seu diferencial)?
- Por que a pizza (você) é a melhor para a vaga em questão?
- Quais são os consumidores que já provaram da pizza (onde já trabalhou, suas experiências)?
- Qual a avaliação que fizeram desta pizza (como avaliaram o seu trabalho)?
- Qual o futuro desta pizza no mercado (suas expectativas)?
- Qual o diferencial para o consumidor que comprar a pizza (por que a empresa deve lhe contratar)?

O que é Você

Objetivo: Apresentação, identificação, levantamento de expectativas, análises, analogias, reflexão, avaliação, comunicação.

Duração: Cinco minutos para a escolha do objeto e dois minutos para cada apresentação de candidato.

Material para aplicação: Objetos de escritório, sucata.

Procedimento: Colocar vários objetos no chão da sala de modo que todos possam ver (brincos, relógio, pulseira, anel, caneta, etc.).

O grupo, sentado em círculo, observa os objetos e, ao comando do facilitador, escolhe aquele que mais lhe agrada. Um a um, os participantes vão se apresentando através do objeto, como se fossem ele verbalizando em primeira pessoa.

- O que sou eu?
- Quais minhas características?
- Quais são meus sonhos?
- Quais são minhas expectativas?
- O que eu pretendo com esta oportunidade?

O objetivo é estimular o candidato a fazer uma analogia do objeto escolhido com suas características pessoais. Exemplo: "Escolhi o celular porque sou comunicativo e gosto de me relacionar com as pessoas."

Exercício: Palavras e Atitudes
(indicado para processos seletivos de estagiários)

As palavras e as atitudes exercem um poder assustador na vida das pessoas. Podem ajudar a construir uma auto-imagem positiva ou destruir sonhos e desejos. Os familiares exerceram influência em nossa infância; professores e mestres, na educação formal; e na vida profissional, os gerentes e líderes com os quais convivemos.

Partindo da premissa acima, estruture a sua apresentação, levando em consideração sua estrutura familiar, sua infância, professores e mestres na educação formal e, para aqueles que já tiveram oportunidade de usufruir alguma atividade profissional, lembrem-se de seus gerentes e líderes. Para isso, utilizem-se dos recursos aqui disponíveis.

Lembre-se de que você precisa comentar:

- Como foi a opção pelo atual curso de graduação?
- O que mais lhe agrada na faculdade e o que lhe desagrada?
- Qual a sua característica marcante, que hoje é percebida dentro do ambiente de faculdade e que já era observada durante o ensino médio ou mesmo no ambiente familiar?
- Qual a característica que você sabe que ainda precisa desenvolver para se sentir completo(a) para abraçar um grande desafio profissional como efetivo de uma grande organização?

Recorte gravuras, reportagens, faça um painel sobre você, faça a sua autobiografia. Você terá 10 minutos para elaborar e dois minutos para se apresentar. Ao final da sua apresentação comente sobre a premissa anteriormente mencionada.

Material: Revistas, jornais, tesoura, cola e folhas de papel pardo. Tempo previsto: 45 minutos, para um grupo de até 15 participantes.

Exercício: Reinvente a sua Apresentação
(indicado para avaliação de estagiários)

Em geral, um empresário percebe que tem que se reinventar quando os lucros começam a diminuir ou quando a concorrência é muito grande.

Mas há maneiras de se antecipar e sair na frente.

Isso aconteceu, por exemplo, com as caixinhas de papelão *Tetra Pak*. Quando surgiram, eram o máximo da inovação para embalagens.

"E se o cliente não precisasse de tesoura para abrir a caixinha?", pensou um dos executivos da empresa na época, buscando melhorar o produto.

Eis que nasceu a embalagem com a tampinha que poderia ser aberta sem tesoura.

Acabe de vez com expressões do tipo: "Em time que está ganhando não se mexe". Em vez disso, lembre-se: jacaré que fica parado vira bolsa.

Considerando a premissa da criatividade, objetividade e boa utilização do tempo, crie sua apresentação utilizando os recursos aqui disponíveis ou não, mas considerando que você terá 10 minutos para se preparar para esta apresentação e dois minutos para se apresentar.

Considere também que será importante para os observadores avaliarem:

– Como foi a opção pelo atual curso de graduação?
– O que mais lhe agrada na faculdade e o que lhe desagrada?

– Por que a (NOME DA EMPRESA)?
– O que você espera do estágio?
– Quais as contribuições que você poderia dar à empresa?

Alguns Aspectos que Podem ser Observados

Objetividade, valores, prioridades, capacidade de apresentar idéias obedecendo a uma seqüência lógica e harmoniosa, e se são claras as comunicações oral e escrita.

Material: Revistas, jornais, tesoura, cola e folhas de papel pardo.

Tempo previsto: 45 minutos, para um grupo de até 15 participantes.

Slogan

Objetivo: Fazer uma apresentação com criatividade, verificando a capacidade de análise e síntese dos candidatos.

Duração: 15 minutos para a confecção do material e três minutos para a apresentação de cada participante.

Para um grupo de 15 pessoas: 50 minutos, aproximadamente.

Para um grupo de 20 pessoas: 1h e 10 minutos, aproximadamente.

Material para aplicação: Papel, caneta colorida, giz de cera, revistas e cola para todos os participantes.

Procedimento: O coordenador explica o que é um slogan: É uma mensagem ou idéia simples, apresentada numa frase original, sintética, sonora, visualizável, fácil de memorizar e que, ao ser divulgada, seja de fácil entendimento e de fácil repetição. Alguns exemplos podem ser: "É melhor perder um minuto na vida do que a vida num minuto"; "Bombril tem mil e uma utilidades"; "51; uma boa idéia"; etc.

O coordenador apresenta o material para os candidatos e pede que cada um faça um slogan sobre si mesmo com seus dados pessoais e suas principais experiências.

Em seguida, cada um apresenta o slogan que inventou. O slogan pode vir acompanhado de desenhos ou gravuras de revistas que representem o candidato.

TÉCNICAS DE FINALIZAÇÃO

Técnica de Presentear

Objetivo: Fechamento de uma dinâmica de seleção ou no final de um curso.

Número de participantes: Indefinido.

Material: Papel de presente, folha, caneta, caixa de bombom ou livro.

Duração: Aproximadamente 10 minutos.

Procedimento: Quando o instrutor quiser presentear o grupo, pode-se valer desta técnica; pode ser utilizada também em final de curso ou para finalizar o processo de seleção, pois serve para avaliar o comportamento do grupo e o que um participante achou do outro.

O presente pode ser, por exemplo, um livro, em que só o último a receber a mensagem ficará com ele; ou uma caixa de bombom, em que o último a receber tem a oportunidade de dividir o presente com todos.

1. Embrulha-se um presente simples, várias vezes.
2. Em cada embalagem, coloca-se uma mensagem, como, por exemplo, as citadas nas páginas seguintes.
3. Entregar o presente, em primeiro lugar, para uma pessoa bem extrovertida, à escolha do coordenador, que pode fazer diversas considerações, antes da entrega, sobre a pessoa ou o grupo.
4. Depois que a primeira pessoa recebeu e percebeu que o presente não será seu, o coordenador pede para ler a mensagem contida no pacote, cada vez que for desembrulhado.
5. Dependendo do número de pessoas no grupo, o coordenador deverá ter diversas mensagens, encerrando no número máximo de participantes.
6. É possível a mesma pessoa receber mais de uma vez o presente, se nela forem vistas diversas qualidades.

Mensagens:

1. Parabéns! Você foi a pessoa escolhida para iniciar a brincadeira por ser **EXTROVERTIDA**. Não fique com o presente, ofereça-o a uma pessoa **TÍMIDA**.

2. Ser uma pessoa tímida também tem suas vantagens: permite tirar várias conclusões, pois o fato de manter-se mais calada dá a oportunidade de prestar muita atenção em tudo. O presente também não é seu. Ofereça-o a uma pessoa **PRUDENTE**.

3. A prudência é uma grande qualidade. Você nunca embarca numa canoa furada. Mas não se esqueça de que uma pitada de impulsividade e ousadia é indispensável. Agora, sem pensar muito e sendo uma pessoa impulsiva, entregue o presente a uma pessoa **FALADEIRA**.

4. A pessoa faladeira não deixa passar nada sem dar o seu aparte. Cuidado! "O peixe morre pela boca." Além disso, a faladeira está sempre atenta para não perder nada. Apesar de falar muito e ter um bom poder de persuasão, o presente também não é seu. Passe para uma pessoa **ALEGRE**.

5. A alegria é contagiante. Os alegres são sempre bem-vindos. É bom ter ao lado pessoas com alto astral. Continue assim, não só dando a impressão, mas vivendo a vida plenamente na alegria. Pena que o presente não seja seu. Passe-o a uma pessoa **AMIGA**.

6. "Amigo é coisa pra se guardar no lado esquerdo do peito." Um amigo fiel é um refúgio poderoso, e quem o encontra achou um tesouro. Amigo leal não tem preço e nada se iguala ao seu valor. Demonstre toda sua amizade e dê este presente a uma pessoa **SENSÍVEL**.

7. A pessoa sensível se envolve com facilidade. Vai fundo e sofre muito. Esteja sempre alerta. Sua participação é muito importante nas grandes decisões, devido à sua sensibilidade. Boa dica de decisão: decida-se a dar este presente a uma pessoa **CRIATIVA**.

8. Que bom que você foi considerada uma pessoa criativa. Isso facilita muitas vezes a resolução de problemas de forma inédita, quebrando os paradigmas. Demonstre esta sua qualidade, dando este presente a uma pessoa **PONDERADA**.

9. A ponderação reflete equilíbrio. E, num grupo, é sempre necessária a presença de alguém equilibrado. Por isso, continue bem-vinda entre nós e, equilibrada como é, passará este presente a uma pessoa **PRESTATIVA**.

10. É tão bom quando se descobre o valor de "estar a serviço". Mas, cuidado, nem sempre o outro entende a sua proposta e, às vezes, se desencadeia o processo de exploração. Como aqui não é o caso, preste-se a doar este presente a uma pessoa **OTIMISTA**.

11. O otimista crê em si e nos que o cercam. É cauteloso no trato com os outros. Acredita na capacidade de triunfar na vida, porque o triunfo é sempre resultado de esforço consciente, eficiente, eficaz e efetivo. Com todo o seu otimismo, transfira este presente para uma pessoa **BOA**.

12. Ser bom é tão fácil, pena que poucos lancem mão da sua bondade. Por que não ser bom? Sendo-o, espalhamos ao redor o perfume sutil do bem-querer, que faz a vida se tornar melhor. Com muita bondade, passe o presente para uma pessoa **SOCIÁVEL**.

13. A pessoa sociável faz muitas amizades e facilita o entrosamento do grupo. Continue assim, pois é muito bom conviver com você. Passe o presente para uma pessoa **IMPULSIVA**.

14. É com esta característica que se revelam as emoções verdadeiras e, muitas vezes, os sentimentos ocultos. E há coisa melhor do que viver as emoções verdadeiramente e "deixar rolar os sentimentos"? No impulso, dê este presente a uma pessoa **GENEROSA**.

15. A você, que foi considerada uma pessoa generosa: "É belo doar, quando solicitado; é mais belo, porém, dar sem ser solicitado, por haver apenas compreendido". E para os generosos, procurar quem receberá é uma alegria maior ainda do que a de dar. O generoso nos fala de amor, respeito ao próximo, solidariedade, compreensão, partilha, perdão...

POR ISSO O PRESENTE É SEU. FAÇA DELE O QUE QUISER.

Troca de Mensagens

Objetivo: Fechamento de uma dinâmica de seleção ou no final de um curso.

Número de participantes: Indefinido.

Material: Papel com o texto para todos, folhas de papel ofício em branco e caneta.

Duração: Aproximadamente 10 minutos.

Procedimento: O instrutor pede para que cada participante, individualmente, escreva numa folha de papel, que não precisa ser assinada, uma frase ou palavra que diga como ele está saindo deste encontro. Assim que todos terminarem, o instrutor pede que eles façam um avião, gaivota de papel, com o papel onde escreveram. Todos devem ficar em pé e, recordando a infância, deverão jogar as gaivotas ao alto. Cada participante pega uma gaivota e, um a um, em círculo, inicia a leitura de cada papel. Ao final teremos o *feedback* do grupo e o instrutor lê o texto a seguir e entrega um para cada participante.

O Grupo

Paulo Cavalcanti de Moura

O grupo é assim:
Gente que é gente
E que não sabe que os outro são gente
Como a gente,
Com um lado bom e outro ruim
No grupo tem de tudo:
Botocudo e tupiniquim.
Tem falador e tem mudo,
Mas ninguém é igual a mim.
Tem doutores e tem tímidos,
Agressivos e dominados,
Tem mãe e tem filhos,
Tem até mascarados.
E o grupo vai girando,
Mudando a vida da gente

> O calado sai falando,
> O pessimista, contente.
> O grupo é como a vida,
> Mas se entra, já vamos indo
> Quem ri acaba chorando,
> Quem chora, acaba rindo.
> Uma coisa a gente aprende:
> Que o outro é como eu
> Chora, ri, ama e sente
> Mas quase tudo depende da gente!
> Que grupo danado! Que vivência atroz!
> O eu e o tu se atacam
> Mas depois eles se amam,
> Em benefício de nós.

A Palavra Final

Objetivo: Fechamento de uma dinâmica de seleção ou no final de um curso.

Número de participantes: Indefinido.

Material: Nenhum.

Duração: Aproximadamente cinco minutos.

Procedimento: O instrutor pede que cada participante diga em uma palavra o que está levando deste encontro. Uma palavra que resuma o sentimento dele com aquela experiência na dinâmica. Ao final, teremos um *feedback* do grupo.

CASES

Análise de Dados

Objetivo: Proporcionar ao grupo uma situação empresarial simulada, através da qual as equipes terão a oportunidade de: planejar de forma integrada, tomar decisões em equipe, administrar a qualidade do serviço, administrar o tempo.

Fatores de observação: Trabalho em equipe, organização de idéias, flexibilidade, clareza de idéias, tomada de decisão, iniciativa, empenho na atividade.

Material: Textos, papel A4 e caneta.

Duração: 10 minutos para desenvolvimento da tarefa e cinco para apresentação dos subgrupos.

Procedimento:

1) Dividir o grupo em dois subgrupos (para o grupo de 15 participantes).

2) Distribuir o texto para cada subgrupo e informar o tempo das atividades.

Texto recebido pelos participantes:

Em pouco menos de cinco anos, a AUTO se transformou em uma das empresas de baixo custo mais lucrativas do mundo. A empresa, em razão de uma política atenta ao controle dos custos e aos investimentos em equipamentos modernos, conseguiu aumentar sua produtividade e, no primeiro semestre de 2007, ficou em terceiro lugar, disputando de perto a segunda colocação, entre as maiores empresas de produtos automobilísticos. O presidente fixou, agora, outro objetivo mais ambicioso: **popularizar os automóveis**. Entretanto, a empresa AUTO não é a única com esta meta, e já surgem outros importantes concorrentes no mercado.

O diretor da empresa comunicou ao departamento de orçamento e controladoria que confeccionassem uma planilha de custos, constando a contabilização da empresa referente às notas fiscais, extratos bancários e faturas para verificar os gastos, custos e despesas obtidos durante o ano passado.

A equipe tem o prazo de entrega estabelecido pelo seu chefe em dois dias, antes de iniciar a nova "construção" do automóvel, que será considerado como o "bum" no mercado pelas características elaboradas no projeto, mas é necessário que a equipe de contabilidade analise criteriosamente os gastos do ano anterior, pois o objetivo é construir um novo modelo mais barato, mas mantendo a qualidade.

Tarefas propostas:

- Criem rapidamente algumas estratégias que agilizarão a entrega do serviço para o presidente.
- Estabeleçam regras para encaminhar corretamente os dados.
- Tracem planos de ação para que não ocorra qualquer falha.

Escuta Telefônica

Objetivo: Proporcionar ao grupo uma situação empresarial simulada, através da qual as equipes terão a oportunidade de: planejar de forma integrada, tomar decisões em equipe, administrar a qualidade do serviço, administrar o tempo.

Fatores de observação: Trabalho em equipe, organização de idéias, flexibilidade, clareza de idéias, tomada de decisão, iniciativa, empenho na atividade.

Material: Textos, papel A4 e caneta.

Duração: 20 minutos para desenvolvimento da tarefa e 10 para apresentação dos subgrupos.

Procedimento:

1) Dividir o grupo em dois subgrupos (para um grupo de 15 participantes).

2) Distribuir o texto para cada subgrupo e informar o tempo das atividades.

Texto recebido pelos participantes: Você trabalha em uma emissora chamada X2X com 15 anos de atuação nacional e reconhecida pelo mercado como responsável em suas atitudes. Foram divulgadas no último noticiário informações sobre um esquema de corrupção, colhidas por uma escuta telefônica não autorizada pela Justiça, e algumas pessoas da emissora foram acusadas de participação sem provas que possam confirmar tais acusações.

A empresa realizou uma auditoria para verificar o ocorrido e ficou provado que, de fato, um repórter da emissora realizou tais escutas e, de acordo com suspeitas próprias, levantou nomes e fez as acusações, sem provas.

A sociedade está cobrando, efetivamente, uma posição da emissora para o ocorrido e, com isto, uma coletiva de imprensa foi agendada para daqui a vinte e quatro horas na sede social da empresa.

Tarefa proposta:

- Discuta, no grupo, quais justificativas vocês irão utilizar para a imprensa e quais estratégias de comunicação serão adotadas para recuperar a boa imagem da emissora?

Atendimento Diferenciado

TAREFA 1 (Individual)

Pense no pior atendimento que você vivenciou como cliente. Pode ser em uma butique, uma empresa de serviços, instituição pública ou um restaurante, etc. Na página seguinte, no quadro respectivo, liste as características que, na sua opinião, determinaram esta condição.

TAREFA 2 (Individual)

Pense no melhor atendimento que você vivenciou como cliente. A exemplo da tarefa 1, no quadro respectivo, liste as características que, na sua opinião, determinaram esta condição.

TAREFA 3 (Grupo)

a) Apresente sua experiência do bom atendimento para a sua equipe.
b) Discuta com a sua equipe e escolha o melhor atendimento.
c) Crie uma dramatização com a experiência escolhida.
d) Sua equipe deverá apresentar a dramatização em cinco minutos e, em seguida, justificar a escolha da situação e as características principais que refletem um bom atendimento.

Características de um Bom Atendimento

Folha de respostas das tarefas 1 e 2

Características Negativas

Características Positivas

Fidelizando Clientes

Objetivo: Proporcionar ao grupo uma situação empresarial simulada, através da qual as equipes terão a oportunidade de: planejar de forma integrada, tomar decisões em equipe, administrar a qualidade do serviço, administrar o tempo.

Fatores de observação: Trabalho em equipe, organização de idéias, flexibilidade, clareza de idéias, tomada de decisão, iniciativa, empenho na atividade.

Material: Textos, papel A4 e caneta.

Duração: 10 minutos para desenvolvimento da tarefa e 5 para apresentação dos subgrupos.

Procedimento:

1) Dividir a turma em dois grupos.
2) Distribuir o texto para cada grupo e informar o tempo das atividades.

Texto recebido pelos participantes:

Você e sua equipe trabalham na área de relacionamento de uma empresa ".com", a A2A, e são responsáveis por diversas atividades, dentre elas a retenção e a fidelização de clientes.

A empresa está no mercado desde 1998 e promove entretenimento, notícias e atrativos diversos no mundo da Internet. Tem, em média, 500.000 assinantes e até três meses atrás liderava frente a concorrentes existentes no mercado.

Em reunião com a gerente da área, foi decidido que o grupo precisa investir mais agressivamente na conquista de novos clientes e em sua fidelização, pois há um sério risco de perder a liderança para mais uma concorrente que está no mercado: a PPT.com

No ranking das melhores, a situação atual encontra-se da seguinte maneira:

	Three	A2A.com	PPT.com
Assinantes	700.000	500.000	485.000
Visitas Diárias	500.000	400.000	350.000

A gerência da área estipulou as seguintes metas:

- Criação de estratégias para a conquista de novos clientes.
- Elaboração de recursos para a fidelização de clientes.

Tarefa proposta:

Que outras sugestões a equipe daria para alavancar e se diferenciar frente às outras concorrentes?

Natura

Competências analisadas: Avaliar capacidade analítica, perfil empreendedor, visão de negócios, raciocínio lógico e capacidade de planejamento.

Número de participantes: 10 a 15.

Material: Cópia do *case* para os grupos de trabalho, papel e caneta.

Do Galpão à Fábrica

Em 1969, numa espécie de galpão alugado e o capital equivalente ao valor de um Fusca, o empresário Luiz Seabra montou a Jeberjeaut Indústria e Comércio de Cosméticos Ltda., em parceria com o filho do ex-patrão.

A idéia não era apenas vender cosméticos, mas o bem-estar que eles poderiam oferecer. Foi este conceito que levou Luiz, em 1970, a mudar a razão social da empresa: NATURA. Do galpão alugado, a empresa passou para uma fábrica de 650 mil m², mais de 30.000 funcionários, cerca de 300 mil consultoras espalhadas pelo Brasil e filiais na Argentina, Chile e Peru.

O crescimento não foi rápido, precisou de algumas décadas e da persistência diante das crises que atingiram o país. Para se tornar um caso de sucesso, porém, a NATURA precisou de um pouco mais que persistência.

Entendendo que a NATURA é uma linha de produtos que todos conhecem, na sua opinião, além da persistência, no que mais os executivos da empresa investiram para chegar à empresa de hoje?

Se o galpão da Jeberjeaut Indústria e Comércio de Cosméticos Ltda. fosse seu, quais as metas que você traçaria para a empresa, qual o investimento em marca e qual o objetivo?

Tarefas propostas:

Baseado nesta informação, neste *case* de sucesso, NATURA, faça de conta que você tem o capital equivalente ao custo de um Fusca 1995, R$ 6.500,00. De que forma você se organizaria para montar um negócio?

Qual seria este negócio? Qual o produto? Qual o objetivo e a meta da empresa?

Tempo de duração: 5 minutos para leitura individual e 2 minutos para interferência do coordenador da dinâmica para que este possa dizer qual foi a aposta da NATURA além da persistência.

Resposta: Para se tornar um caso de sucesso, a NATURA, além da persistência, apostou na valorização do relacionamento entre clientes e consultoras que vendem os produtos da empresa. O diferencial da NATURA, desde o início, foi ampliar o conceito de vender cosméticos para "vender bem-estar".

Um minuto para a divisão dos grupos e 20 minutos para os grupos realizarem a tarefa proposta.

Após este tempo, cada grupo terá dois minutos para a exposição de seu trabalho.

Orçamento

Objetivo: Proporcionar ao grupo uma situação empresarial simulada, através da qual as equipes terão a oportunidade de: planejar de forma integrada, tomar decisões em equipe, administrar a qualidade do serviço, administrar o tempo.

Fatores de observação: Trabalho em equipe, organização de idéias, flexibilidade, criatividade, clareza de idéias, tomada de decisão, iniciativa.

Material: Textos, papel A4 e caneta.

Duração: 10 minutos para desenvolvimento da tarefa e 5 para apresentação dos subgrupos.

Procedimento:

1) Dividir em dois grupos (para um grupo de 15 participantes).
2) Distribuir o texto para cada grupo e informar o tempo das atividades.

Texto recebido pelos participantes:

A empresa "Valores" está há 2 anos tentando aumentar o seu quadro de pessoal e ampliar a estrutura física devido a uma demanda muito alta de projetos estratégicos e à crescente implantação de negócios.

Vocês trabalham no controle de gestão da empresa e são responsáveis pelos planejamentos orçamentários, fiscal e contábil além de acompanharem os processos administrativo-financeiros e o resultados gerados.

No ano passado, verificaram-se falhas nos planejamentos orçamentários, o que gerou um decréscimo financeiro para investimentos e trouxe prejuízos para a empresa.

Foi solicitada pelo diretor, há um mês, uma solução para o problema, o que não foi feito. E, agora, a empresa tem que buscar alternativas imediatas para suprir este corte financeiro e aumentar seu lucro de capital para investimentos atuais e futuros.

> O diretor convocou todos para uma reunião de última hora para apresentar as devidas soluções:
>
> **Tarefas propostas:**
>
> - Vocês têm 10 minutos para realizar um planejamento orçamentário e apresentar à diretoria na reunião.
> - Argumente com o diretor as devidas precauções a serem tomadas a partir de hoje.

Problema no Sistema?

Objetivo: Proporcionar ao grupo uma situação empresarial simulada, através da qual as equipes terão a oportunidade de: planejar de forma integrada, tomar decisões em equipe, administrar a qualidade do serviço, administrar o tempo.

Fatores de observação: Trabalho em equipe, organização de idéias, flexibilidade, clareza de idéias, tomada de decisão, iniciativa, empenho na atividade.

Material: Textos, papel A4 e caneta.

Duração: 10 minutos para desenvolvimento da tarefa e 5 para apresentação dos subgrupos.

Procedimento:

1) Dividir a turma em dois grupos.
2) Distribuir o texto para cada grupo e informar o tempo das atividades.

Texto recebido pelos participantes:

Você e sua equipe trabalham na ZW.com e são responsáveis por diversas atividades como: captação de parceiros promocionais, desenho de estratégias de fidelização e retenção do cliente, acompanhar assinantes a eventos como shows, platéias de programas, desenvolvimento de campanhas *on-line*, dentre outras atividades da área.

O *Call Center* é um dos setores da empresa que mantêm contato com você diariamente com o objetivo de solucionar diversos problemas referentes aos clientes ativos da empresa. Um dos aspectos que a organização mais valoriza é a fidelização de clientes, ou seja, o cliente deve ser cultivado a cada dia.

Tarefa proposta:

Agora imagine a seguinte situação:

Um funcionário do *Call Center* lhe contatou, pois uma promoção foi ao ar e está com um cliente na linha dizendo que o sistema da empresa está errado e afirma que a sua pontuação foi de 150 pontos, e o sistema mostra apenas 15 pontos.

O cliente, muito nervoso, diz que irá divulgar tal erro caso não seja solucionado imediatamente, pois é inadmissível um engano em uma empresa de tecnologia deste porte.

Neste momento, você se encontra sozinho no setor e deverá resolver rapidamente esta situação para que a imagem da ZW.com não fique prejudicada.

Outra questão é que a área de Tecnologia está em reunião há uma hora e você não tem como interromper para resolver o problema do sistema.

Enumere algumas ações a serem tomadas para a solução deste problema.

O gerente da área autoriza algumas decisões suas, outras não. De que forma você agiria diante de tal questão?

Sugestão: Colocar um grupo como gerente e outro como funcionários.

Desafio da Área

Objetivo: Proporcionar ao grupo uma situação empresarial simulada, através da qual as equipes terão a oportunidade de: planejar de forma integrada, tomar decisões em equipe, administrar a qualidade do serviço, administrar o tempo.

Fatores de observação: Trabalho em equipe, organização de idéias, flexibilidade, clareza de idéias, tomada de decisão, iniciativa, empenho na atividade.

Material: Textos, papel A4 e caneta.

Duração: 10 minutos para desenvolvimento da tarefa e 5 para apresentação dos subgrupos.

Procedimento:

1) Dividir o grupo em três subgrupos (para um grupo de 15 participantes).
2) Distribuir o texto para cada subgrupo, e informar o tempo das atividades.

Texto recebido pelos participantes:

"O setor contábil/financeiro pode ser considerado o ponto-chave para o desenvolvimento de uma organização."

    O contador que se limitava aos conhecimentos contábeis, que se contentava com a formação média e que só fazia para o cliente/empresa o que a legislação fiscal determinava, está definitivamente condenado ao desaparecimento. Os novos tempos requerem um novo perfil de profissional, mais compromissado com o sucesso dos resultados da empresa em que trabalha. Busca-se um verdadeiro parceiro, que pensa e age em prol do desenvolvimento da organização.

    A área contábil da sua empresa é responsável pela análise de contas, contabilização de empresas, de notas fiscais e extratos bancários.

Além disso, controla todo o arquivo de faturas, realiza checagem de documentos contábeis e confecção de planilhas de custos.

No último mês, a equipe recebeu uma notificação do gerente da área de que o controle efetuado referente a uma fatura de um produto importante foi contabilizado erroneamente. Houve um erro na planilha, ou seja, vocês lançaram uma nota errada e a despesa possivelmente virá para toda a equipe do setor contábil. A diferença no valor identificado é de R$ 10.000,00.

Além disso, existe um valor de R$ 3.000,00 que está perdido e que o gerente da área afirma que também não foi computado no sistema.

Apresentem à gerência estratégias que viabilizem o acerto destes valores.

Tarefa proposta:

Estruturem um plano de ação para os controles futuros.

Empresa "WA"

Objetivo: Proporcionar ao grupo uma situação empresarial simulada, através da qual as equipes terão a oportunidade de: planejar de forma integrada, tomar decisões em equipe, administrar a qualidade do serviço, administrar o tempo.

Fatores de observação: Trabalho em equipe, organização de idéias, flexibilidade, criatividade, clareza de idéias, tomada de decisão, iniciativa.

Material: Textos, papel A4 e caneta.

Duração: 25 minutos para desenvolvimento da tarefa e 15 para apresentação dos subgrupos.

Texto recebido pelos participantes:

Na empresa WA, o clima entre as demais áreas e o CPD não está nada bom. Depois da instalação da nova ferramenta de TI, que será usada na administração da empresa para integrar todos os setores, fazendo com que as informações circulem de forma ágil e otimizada gerando um diferencial para a empresa, várias dúvidas e dificuldades de se adaptar ao novo formato foram levantadas pelos funcionários.

Eles pedem a volta da antiga ferramenta, que está desatualizada em relação ao mercado, mas é profundamente conhecida por todos. E, para piorar a situação, o gestor de TI acaba de deixar a empresa, e dentro de dois dias haverá uma reunião visando eliminar tais conflitos.

Tarefa proposta:

Você é responsável por apresentar soluções para minimizar os impactos que a instalação da nova ferramenta causou. Terá que convencer os gestores dos demais setores sobre os benefícios e lançar soluções para melhorar e facilitar a utilização desta ferramenta.

A Melhor Notícia

Objetivo: Proporcionar ao grupo uma situação empresarial simulada, através da qual as equipes terão a oportunidade de: planejar de forma integrada, tomar decisões em equipe, administrar a qualidade do serviço, administrar o tempo.

Fatores de observação: Trabalho em equipe, organização de idéias, flexibilidade, criatividade, clareza de idéias, tomada de decisão, iniciativa.

Material: Textos, papel A4 e caneta.

Duração: 10 minutos para desenvolvimento da tarefa e 5 para apresentação dos subgrupos.

Procedimento:

1) Dividir em dois grupos (para um grupo de 15 participantes).
2) Distribuir o texto para cada grupo e informar o tempo das atividades.

Texto recebido pelos participantes:

Sabemos que uma grande empresa de comunicação possui diversas editorias: Cidade, Esporte, Economia, Política, Internacional, Cultura, etc.

Dentre as notícias apresentadas, pegue aquela com a qual você mais se identifica, classifique-a quanto à editoria e explique o motivo de sua escolha por tal notícia.

Você tem 10 minutos para elaborar a notícia para sair no próximo jornal de âmbito nacional.

OBS: As notícias devem ser recentes, fatos ocorridos neste mês. Serão levados recortes de jornal.

Tarefas propostas:

- Elabore de forma criativa as três notícias.
- Escolha a editoria para estas três notícias.
- Escolha uma gravura que tenha a cara de sua área preferida. Escolhida a gravura, elabore uma notícia para sair no jornal daqui a 15 min.

As Goiabadas de Dona Nana

Objetivo: Proporcionar ao grupo uma situação empresarial simulada, através da qual as equipes terão a oportunidade de: planejar de forma integrada, tomar decisões em equipe, administrar a qualidade do serviço, administrar o tempo.

Competências analisadas: Capacidade de análise e síntese, comunicação verbal, argumentação, negociação, liderança, criatividade, administração de conflitos e trabalho em equipe.

Número de participantes: 10 a 15.

Material: Cópia do *case* para os grupos de trabalho, papel e caneta.

Duração: 20 minutos para leitura e discussão nos subgrupos e 5 minutos para cada grupo apresentar o seu plano de ação (duração total prevista para 40 minutos).

Procedimento: Dividir a turma em grupos de tamanhos semelhantes (aproximadamente 4 pessoas por grupo). Os grupos receberão o texto e deverão debater sobre o tema proposto durante 20 minutos. Exposição dos grupos em plenário.

Texto recebido pelo grupo:

A Dona Nana é uma empresa de médio porte localizada em Minas Gerais, fundada por Nana Josefa. No início, era uma lojinha de doces caseiros típicos da região de Minas Gerais, com um diferencial: a maior parte dos produtos da loja era feita na própria fazenda, com destaque para a goiabada de Dona Nana Josefa. Hoje, a empresa dedica seus esforços à fabricação das latas de goiabada nacionalmente conhecidas, vendidas para grandes cadeias de restaurantes e supermercados, além de uma linha de temperos naturais, que, embora tenha um volume de vendas menor, é bastante rentável.

Atualmente, a empresa sofre com problemas de disputa de poder dentro da diretoria. Com o falecimento da bondosa Dona Nana Josefa, o seu filho mais velho, Pedro, doutor em Engenharia da Produção, assumiu um modelo de gestão totalmente voltado para Qualidade Total. Segundo suas diretrizes, um produto de qualidade será sempre aceito pelo mercado. Todavia, as vendas de temperos naturais estão em constante queda. Isto se dá pelo fato de ser um produto caro e de Dona Nana não investir em propaganda, acreditando que seu nome no mercado a sustentaria em longo prazo.

O filho mais novo de Dona Nana Josefa, Paulo José, formado em Administração com ênfase em Marketing, acredita que é importante investir em propaganda para divulgar a marca e ganhar mercado na área de temperos naturais. Ele percebe neste mercado um nicho de oportunidades para expansão da empresa.

Paulo e Pedro possuem perfis muito diferentes. Paulo é brincalhão, extrovertido e detalhista. Pedro é introvertido, enérgico e totalmente voltado para resultados.

A organização é estruturada com base em quatro diretorias: RH, Marketing, Finanças e Produção. A área de RH fica responsável pelo Departamento Pessoal e não tem uma visão estratégica da organização. É dirigida pela filha de Nana, Nina Josefa, que, em geral, não questiona as decisões do irmão mais velho. A área de Finanças é administrada por Juvenal, amigo de infância de Pedro. Embora concorde com Paulo a respeito do investimento na marca, não questiona as decisões do amigo. Por fim, a área de Marketing fica responsável pelo controle das vendas e negociação com fornecedores.

Tarefa proposta:

Com base nas informações descritas no texto e presentes nas tabelas abaixo, formulem um plano de ação para solucionar os problemas da empresa no setor de produtos naturais. Este plano deve conter reorganização de sua força de vendas, reformulação de embalagens, investimento em promoção, comunicação, etc. Cada participante deverá fazer suas recomendações estratégicas e operacionais e sugerir formas de controle das novas ações da Dona Nana, colocando visão de negócio e criatividade à prova.

Perfil da concorrência:

EMPRESA	PONTOS FRACOS	PONTOS FORTES
Temperos	Fazenda distante dos centros de distribuição, com isso a empresa costuma atrasar as entregas.	Excelente infra-estrutura, o que lhe permite uma linha de produtos mais ampla.
Tempero Bom	Qualidade inferior, tendo em vista seu pouco tempo de mercado.	Logística forte, que lhe garante rapidez e qualidade no atendimento.

Homenagem à Seleção

Objetivo: Proporcionar ao grupo uma situação empresarial simulada, através da qual as equipes terão a oportunidade de: planejar de forma integrada, tomar decisões em equipe, administrar a qualidade do serviço, administrar o tempo.

Fatores de observação: Trabalho em equipe, organização de idéias, flexibilidade, criatividade, clareza de idéias, tomada de decisão, iniciativa.

Material: Textos, papel A4 e caneta.

Duração: 10 minutos para desenvolvimento da tarefa e 5 para apresentação dos subgrupos.

Procedimento:

1) Dividir em dois grupos (para um grupo de 15 participantes).
2) Distribuir o texto para cada grupo e informar o tempo das atividades.

Texto recebido pelos participantes:

Foram realizadas 17 Copas do Mundo, sendo a primeira em 1930, no Uruguai. E o Brasil é o único país que participou de todas as Copas e também é o único que levou a taça cinco vezes: em 1958, na Suécia; em 1962, no Chile; em 1970, no México; em 1994, nos Estados Unidos e em 2002 na Coréia e no Japão.

E na última Copa do Mundo, o Brasil buscava pela sexta vez a vitória.

Visando aos investimentos para a Copa de 2010, a emissora de TV CASY resolveu fazer uma homenagem aos jogadores na qual mostrará arquivos e gravações das Copas anteriores para fazer um *link* com a última Copa.

Você trabalha na Central de Informações onde ficam armazenados todos os arquivos e documentos, e a direção da emissora de TV CASY informou no início do dia, em última hora, que haverá uma primeira mostra ao vivo para os atuais jogadores da seleção, às 12h de hoje, e encaminhou uma lista de arquivos essenciais a serem encontrados.

A direção pediu que você encontrasse todos os arquivos referentes à Copa do Mundo e entregasse para o "auxiliar de expedição" encaminhar à edição para que esta fechasse a matéria até as 11h de hoje.

Alguns arquivos importantíssimos solicitados da lista não foram encontrados.

Tarefas propostas:

Dividir o grupo em dois:

– Encontrem soluções plausíveis para encaminhar todo o material solicitado.
– Argumentem com a direção a necessidade de colocar outros arquivos.
– Elaborem um novo material de modo a convencer o diretor da emissora.

Comunicar

Objetivo: Proporcionar ao grupo uma situação empresarial simulada, através da qual as equipes terão a oportunidade de: planejar de forma integrada, tomar decisões em equipe, administrar a qualidade do serviço, administrar o tempo.

Fatores de observação: Trabalho em equipe, organização de idéias, flexibilidade, criatividade, clareza de idéias, tomada de decisão, iniciativa.

Material: Textos, papel A4 e caneta.

Duração: 25 minutos para desenvolvimento da tarefa e 15 para apresentação dos subgrupos.

Texto recebido pelos participantes:

A empresa de produção teatral "Comunicar" recebeu uma proposta para realizar uma peça teatral que trabalhe a arte e a educação para a inclusão social. Esta peça deve ser voltada a crianças e adolescentes em situação de risco, utilizando os espaços públicos (teatros, praças, escolas, feiras, etc.) para a promoção e valorização humanas. A mesma deve conter no seu elenco crianças e adolescentes de 8 a 18 anos, promovendo a inclusão social por meio do ensino coletivo de teatro.

Como patrocínio, teremos parcerias entre Secretarias de Governo, Prefeitura, Universidades, ONGs e setor privado. Os diretores da empresa "Comunicar" estão com urgência para a finalização do programa, que será apresentado para seus patrocinadores aprovarem.

Você trabalha na área de recursos artísticos da empresa, onde é responsável pela gestão de projetos e de pesquisas literárias, pela gestão de recursos artísticos e de novos formatos, além de apoiar o produtor. A apresentação será feita no próximo mês e a diretoria da "Comunicar" agendou uma reunião em dois dias para que você apresente à equipe o planejamento da produção.

Tarefa proposta: Monte o planejamento da produção. Seu grupo terá 15 minutos para a apresentação.

Ler e Ver

Objetivo: Proporcionar ao grupo uma situação empresarial simulada, através da qual as equipes terão a oportunidade de: planejar de forma integrada, tomar decisões em equipe, administrar a qualidade do serviço, administrar o tempo.

Fatores de observação: Trabalho em equipe, organização de idéias, flexibilidade, criatividade, clareza de idéias, tomada de decisão, iniciativa.

Material: Textos, papel A4 e caneta.

Duração: 10 minutos para desenvolvimento da tarefa e 5 para apresentação dos subgrupos.

Procedimento:

1) Dividir em dois grupos (para um grupo de 15 participantes).
2) Distribuir o texto para cada grupo e informar o tempo das atividades.

Texto recebido pelos participantes:

A empresa *"Ler e Ver"* é destinada à coleção de informações de quaisquer tipos, escritas em folhas de papel ou ainda digitalizadas e armazenadas em outros tipos de materiais. Revistas e jornais também são colecionados e armazenados especialmente em uma hemeroteca na empresa. Possui hoje, em média, 900 mil documentos cadastrados, todos informatizados e controlados por um sistema.

Na empresa, encontram-se documentação e informação especializada, sistemas de informação de empresas, entre outros sistemas de acesso e recuperação de informação importante para a produção de algum material.

A empresa *"Ler e Ver"* possui um cadastro de clientes VIPs que pagam mensalmente e exigem que os bibliotecários encontrem com eficiência o material solicitado e entreguem no prazo determinado.

Um cliente VIP de uma emissora de TV solicitou um material ontem para entregar hoje às 14h, pois haveria a necessidade de colocar essa matéria no programa das 15h para fazer um *link* com uma matéria atual e exclusiva da emissora.

Você trabalha na biblioteca junto a algumas pessoas e ontem, ao abrir uma solicitação do pedido da emissora, o sistema não funcionou. Você, então, anotou em um papel e deixou em sua mesa para resolver uma outra situação e acabou esquecendo da solicitação.

O cliente VIP da emissora de TV chega às 14h15min na empresa e procura pelo material solicitado para utilizá-lo no programa que começa às 15h. O material não foi separado, você está sozinho no setor e está resolvendo um problema inadiável; e ainda procura pela solicitação e não encontra.

Tarefa proposta:

Dividir o grupo em dois:

Grupo A: Você é o bibliotecário e precisa resolver a situação do cliente VIP em 10 minutos, mas também não pode "abandonar" o problema inadiável. Encontre uma solução plausível para o problema e argumente com o cliente sua posição.

Grupo B: Você é o cliente VIP e precisa argumentar em 10 minutos a necessidade do material com urgência.

Lost

Objetivo: Proporcionar ao grupo uma situação empresarial simulada, através da qual as equipes terão a oportunidade de: planejar de forma integrada, tomar decisões em equipe, administrar a qualidade do serviço, administrar o tempo.

Fatores de observação: Trabalho em equipe, organização de idéias, flexibilidade, criatividade, clareza de idéias, tomada de decisão, iniciativa.

Material: Textos, papel A4 e caneta.

Duração: 10 minutos para desenvolvimento da tarefa e 5 para apresentação dos subgrupos.

Texto recebido pelos participantes:

Você trabalha em uma emissora "TV Brasil", subsidiária da "Aromi" na América do Sul. A emissora está em busca de uma parceria para produção no Brasil de uma versão do seriado "Lost", da Americabras, uma vez que todos os anos de exibição no EUA foram sucesso absoluto de audiência e de crítica.

"A série de televisão norte-americana de drama e aventura começa com o acidente de um avião, que saiu de Sydney, Austrália, com destino a Los Angeles, EUA, mas que caiu numa misteriosa ilha tropical em algum lugar do Oceano Pacífico. A série tem um estilo único que segue dois tipos de histórias não ligados entre si: primeiro, a luta dos 48 sobreviventes do desastre para sobreviver e viver juntos na ilha, e, segundo, a vida das personagens principais, antes do desastre, através de retrospectivas pessoais."

Fonte: http://pt.wikipedia.org/wiki/Lost

As negociações entre a "TV Brasil" e a Americabras estão apenas começando. O texto seria o mesmo da versão americana, mas com cultura e elenco locais.

Tarefa proposta:

Vocês deverão fazer uma análise e levantar, em 12 minutos, os aspectos positivos de uma possível parceria da emissora "TV Brasil" com a Americabras, considerando as diferenças culturais do nosso mercado.

Maioridade Penal

Objetivo: Proporcionar ao grupo uma situação empresarial simulada, através da qual as equipes terão a oportunidade de: planejar de forma integrada, tomar decisões em equipe, administrar a qualidade do serviço, administrar o tempo.

Fatores de observação: Trabalho em equipe, organização de idéias, flexibilidade, criatividade, clareza de idéias, tomada de decisão, iniciativa.

Material: Textos, papel A4 e caneta.

Duração: 10 minutos para desenvolvimento da tarefa e 5 para apresentação dos subgrupos.

Texto recebido pelos participantes:

O presidente nacional da Ordem dos Advogados do Brasil, Cezar Britto, lamentou hoje (26/04/07) que a Comissão de Constituição e Justiça (CCJ) do Senado tenha aprovado a redução da maioridade penal, de 18 para 16 anos, observando que esta é a decisão mais cômoda para o Estado, mas não a solução para o problema da delinqüência na adolescência. "É um caminho mais cômodo pegar o adolescente que, por algum motivo, cometeu um delito e jogá-lo no sistema carcerário brasileiro; mas devemos perguntar se o sistema carcerário do País, uma verdadeira escola do crime, é o melhor local para ressocializar este adolescente. Não seria melhor assumirmos nossa função de reeducá-los e prepará-los para a sociedade?", disse.

"A OAB pensa que reduzir a idade penal é a decisão mais cômoda para o Estado, mais cômoda para a sociedade, pois faz com que não nos preocupemos com nossos adolescentes", sustentou Cezar Britto. "Colocar o adolescente no sistema carcerário hoje pode até resolver o problema de imediato, mas o problema estará resolvido daqui a dez, quinze anos, quando forem soltos, depois de viverem nessa verdadeira escola para o crime que é o sistema carcerário brasileiro?", indagou.

O presidente nacional da OAB entende que a sociedade brasileira pode se arrepender, no futuro, da decisão de reduzir a maioridade penal. "E pode ser tarde quando percebermos que colocamos no sistema carcerário cidadãos que poderiam ser recuperados mais pelos métodos de ressocialização do que os jogando e os abandonando nas masmorras dos cárceres brasileiros", observou Britto.

Ele considerou a medida aprovada pela CCJ do Senado mais um passo dentro da inclinação do País ao autoritarismo e ao Estado policial para enfrentar a crise da segurança, problema que, a seu ver, deveria ser respondido com justiça social, com distribuição de renda e medidas sócio-educacionais, além do combate à impunidade. Mas, segundo Britto, a expectativa da OAB é de que a decisão aprovada na CCJ não encontre apoio na maioria dos congressistas para se transformar em lei.

Fonte: http://www.oab-rj.com.br/

Proposta:
- Discuta o lado positivo da redução da maioridade penal no Brasil.
- Discuta o lado negativo da redução da maioridade penal no Brasil.

NovaDutra

Objetivo: Proporcionar ao grupo uma situação empresarial simulada, através da qual as equipes terão a oportunidade de: planejar de forma integrada, tomar decisões em equipe, administrar a qualidade do serviço, administrar o tempo.

Fatores de observação: Trabalho em equipe, organização de idéias, flexibilidade, criatividade, clareza de idéias, tomada de decisão, iniciativa.

Material: Textos, papel A4 e caneta.

Duração: 25 minutos para desenvolvimento da tarefa e 15 para apresentação dos subgrupos.

Texto recebido pelos participantes:

"Reformar, operar e administrar uma das maiores e mais movimentadas rodovias do país foi o desafio que a holding CCR Companhia de Concessões Rodoviárias assumiu em 1996 na Rodovia Presidente Dutra. A conhecida BR-116, que liga o estado do Rio de Janeiro a São Paulo, vem sendo administrada pela iniciativa privada desde esta data, sob a responsabilidade da então criada NovaDutra.

O pedágio da NovaDutra é hoje um sistema eletrônico e informatizado que permite o controle e automação da arrecadação. São três praças com 12 cabines cada, que cobram nos dois sentidos, e três conjuntos de cabines que cobram em um só sentido.

Em cada uma das cabines da rodovia um microcomputador especialmente desenhado com sensores classifica o tipo de veículo, verifica os comandos de arrecadação e, após o pagamento da tarifa correta, permite a abertura da cancela do pedágio."

Fonte: http://www.compaq.com.br/pyme/casos_sucesso/novadutra.html

Em um feriadão de grande movimento, os sensores das cabines entram em pane e não liberam a abertura da cancela do pedágio, causando um grande transtorno. Como solução imediata, todas as cobranças e liberações de cancela serão feitas manualmente.

Como todo o sistema de informática foi desligado nesse dia, não foram gerados os relatórios de gestão, e o diretor da empresa quer entender por que isso ocorreu, como o problema será solucionado e que medidas serão usadas para que fatos como este não voltem a ocorrer.

Tarefa proposta:

Você agora é um Analista de TI desta empresa e precisa, juntamente com a equipe de TI, fazer uma apresentação com as solicitações do Diretor.

Pirataria – Uma Questão Cultural

Objetivo: Proporcionar ao grupo uma situação empresarial simulada, através da qual as equipes terão a oportunidade de: planejar de forma integrada, tomar decisões em equipe, administrar a qualidade do serviço, administrar o tempo.

Fatores de observação: Trabalho em equipe, organização de idéias, flexibilidade, criatividade, clareza de idéias, tomada de decisão, iniciativa.

Material: Textos, papel A4 e caneta.

Duração: 20 minutos para desenvolvimento da tarefa e 15 para apresentação dos subgrupos.

Texto recebido pelos participantes:

Não é de agora que a pirataria, como atividade de interceptação delituosa de produtos ou mercadorias alheias, surgiu. A pirataria teve origem nas turbulentas expansões no império greco-romano. No período renascentista-pós-decadência do império romano, os piratas infestavam toda a Europa. Novas rotas comerciais surgiram, dentre estas o envio de metais preciosos por navios advindos das colônias espanholas, assim como o comércio farto com o Leste, o que ajudou a desenvolver, ainda mais, o tráfico de escravos. Isto fez com que a pirataria fosse uma atividade lucrativa, não havendo qualquer restrição a esta, até porque a lei marítima ainda não havia sido regulamentada.

Como podemos observar, a pirataria vem-se desenvolvendo ao longo dos anos. O avanço imensurável da tecnologia fez com que a pirataria ressurgisse e, com esta, o aumento relevante de pirataria em todo o mundo. Atualmente, no Brasil, a pirataria é um ato imputável como crime, iniciado através de queixa por parte do titular da obra intelectual, devendo ser processado através de vistoria, para posterior ação de busca e apreensão do material ilegal.

Segundo já noticiado, o Brasil é hoje o vice-campeão mundial de pirataria, atrás apenas da China. A Internet é hoje conhecida como a maior máquina de cópias do mundo. Segundo dados fornecidos pela ABES, o índice de pirataria de software no Brasil é de 56%. Isso significa que menos de cinco em cada dez programas de computador em operação no país utilizam programas legais.

As formas mais comuns de pirataria de software existentes hoje são: pirataria individual (feita para uso próprio sem o intuito de lucro), pirataria corporativa (praticada dentro das empresas) e pirataria comercial (aquela feita com intuito de lucro). A tendência é que a tecnologia, em um futuro bem próximo, venha a criar novos métodos para solucionar estes casos, ajudando assim a diminuir tal prática em todo o mundo.

Artigo: Adriana Haack Velho – Mestre em Direito Internacional pela University of Iowa-USA, Especialização em Direito e Internet – Berkman Center-Harvard Law School, Advogada e Consultora jurídica do Porto Digital, Palestrante em vários seminários sobre o tema direito de informática, advogada especializada em Tecnologia da Informação-Recife-PE.

adriana@haack.adv.br

Proposta:

- Discuta no grupo sobre a pirataria no Brasil e no mundo.
- Discuta sobre as conseqüências desta prática e seus impactos na sociedade.

A Evolução da Marca

Objetivo: Proporcionar ao grupo uma situação empresarial simulada, através da qual as equipes terão a oportunidade de: planejar de forma integrada, tomar decisões em equipe, administrar a qualidade do serviço, administrar o tempo.

Fatores de observação: Trabalho em equipe, organização de idéias, flexibilidade, criatividade, clareza de idéias, tomada de decisão, iniciativa.

Material: Textos, papel A4 e caneta.

Duração: 20 minutos para desenvolvimento da tarefa e 15 para apresentação dos subgrupos.

Texto recebido pelos participantes:

A marca "Bob's" já faz parte da vida do brasileiro. Mas, desde a abertura da primeira loja, em Copacabana, até os dias de hoje, já passou por diversas atualizações.

Proposta:

Recentemente, a logomarca sofreu uma reformulação radical, ficando mais bonita, moderna e compatível com os novos objetivos da empresa. Acompanhe aqui um pouco da história, a partir das logomarcas e da identidade visual. Em grupo, crie uma nova logomarca para o "Bob's" com base em um dos seguintes objetivos:

1) Para atingir o segmento *FAMÍLIA*. 2) Para focar no público *JOVEM*. 3) Para ressaltar a qualidade *SAUDÁVEL* das refeições.

1950	1960
1970	1980
1990	2000

Jornal "O Folhetim"

Objetivo: Proporcionar ao grupo uma situação empresarial simulada, através da qual as equipes terão a oportunidade de: planejar de forma integrada, tomar decisões em equipe, administrar a qualidade do serviço, administrar o tempo.

Fatores de observação: Trabalho em equipe, organização de idéias, flexibilidade, criatividade, clareza de idéias, tomada de decisão, iniciativa.

Material: Textos, papel A4 e caneta.

Duração: 20 minutos para desenvolvimento da tarefa e 10 para apresentação dos subgrupos.

Texto recebido pelos participantes:

O jornal "O Folhetim" tem sua marca consolidada no mercado há mais de 20 anos, com um público fiel das classes A, B e C. O mesmo é distribuído somente em bancas de jornal e por sistema de assinaturas, circulando de segunda a domingo.

Do valor das vendas do jornal, 70% cobrem os custos de produção e 30% são de lucro para a empresa. Porém, há alguns meses, um jornal concorrente lançou um novo formato que visa atingir o público das classes C e D, e vem diminuindo os lucros do jornal "O Folhetim" pela perda de clientes da classe C e até alguns da classe B.

Este jornal tem formato e volume menores, circula de segunda a sexta, traz notícias de forma menos detalhada, é mais interativo e ainda faz constantes promoções para atrair o consumidor.

Proposta do grupo:

- *Grupo I:* No papel de Gerente Administrativo/Financeiro do jornal "O Folhetim", o grupo deverá sugerir ações para driblar a concorrência, não perder os clientes e continuar mantendo sua margem de lucros.

- *Grupo II:* No papel de Diretor Geral do jornal "O Folhetim", o grupo deverá apresentar suas expectativas e planejamento para mudar o cenário atual.

OBS.: Confrontar as duas propostas.

Volume de Vendas:

	Dez/06	Fev/07	Mai/07
Banca de Jornal			
"O Folhetim"	10.000	9.300	8.500
Concorrente	600	950	1.400
Assinatura			
"O Folhetim"	2.000	1.800	1.750
Concorrente	10	250	687

No final, o grupo deverá chegar a um consenso sobre as medidas a serem adotadas.

Supermercado "Compre Bem"

Objetivo: Proporcionar ao grupo uma situação empresarial simulada, através da qual as equipes terão a oportunidade de: planejar de forma integrada, tomar decisões em equipe, administrar a qualidade do serviço, administrar o tempo.

Fatores de observação: Trabalho em equipe, organização de idéias, flexibilidade, criatividade, clareza de idéias, tomada de decisão, iniciativa.

Material: Textos, papel A4 e caneta.

Duração: 10 minutos para desenvolvimento da tarefa e 5 para apresentação dos subgrupos.

Texto recebido pelos participantes:

A rede de supermercados "Compre Bem", que foi inaugurada há três anos com apenas uma loja, caiu no gosto do consumidor pelo seu atendimento diferenciado que era feito através de um cartão de fidelidade dando descontos em alguns produtos e gerando pontos que poderiam ser trocados por brindes. Hoje, a rede conta com cinco supermercados e está passando por uma reestruturação, devido ao seu rápido crescimento e visando à abertura de mais dois supermercados até o final do seu quarto ano de existência.

Proposta:

Dentro do ponto de vista administrativo, financeiro e tecnológico, que medidas precisam ser implementadas para que esta empresa mantenha a sua liderança no mercado, constante crescimento e continue inovando no quesito atendimento personalizado?

Sugira também uma modernização e novos incentivos ao cartão-fidelidade.

DVR

Objetivo: Proporcionar ao grupo uma situação empresarial simulada, através da qual as equipes terão a oportunidade de: planejar de forma integrada, tomar decisões em equipe, administrar a qualidade do serviço, administrar o tempo.

Fatores de observação: Trabalho em equipe, organização de idéias, flexibilidade, criatividade, clareza de idéias, tomada de decisão, iniciativa.

Material: Textos, papel A4 e caneta.

Duração: 20 minutos para desenvolvimento da tarefa e 10 para apresentação dos subgrupos.

Texto recebido pelos participantes:

A chance de fazer a própria programação pode mudar a relação do assinante com a TV. Os programas aos quais você quer assistir, na hora que você quiser, são a grande promessa (já realizada) dos DVR, ou PVR (Digital ou Personal Vídeo Recorder), caixas basicamente compostas por um receptor digital e um disco rígido (HD) com capacidade, a depender do modelo, de 40 até 100 horas de armazenamento de programação, tudo sob escolha e programação prévias do assinante do serviço.

Alguns *set-tops* digitais para o mercado brasileiro terão este "*feature*". No caso da TVA, o DVR será lançado a partir de novembro. A Net também já anunciou que vai lançar o seu. No momento, apenas a Sky oferece um equipamento com este dispositivo – o Sky+ é top de linha e vem sendo promovido principalmente entre o público de maior poder aquisitivo, em especial em lojas de equipamentos de *home theater*.

Um estudo recente da Parks Associates indica que o consumo do DVR ainda é lento, mas quando o cabo e o satélite colocarem suas próprias caixas, a tendência é o aumento considerável do seu uso, a partir da popularização. Estimativas da Parks indicam que ao final de 2006 haverá acima de 25 milhões de caixas de DVR no mercado norte-americano. Já a Jupiter Research prevê que até 2009 o cabo e o satélite vão responder por 80% dos DVRs em uso – hoje os serviços desvinculados dos operadores de TV paga respondem por 39%.

Fonte: http://www.crea-rj.org.br/

Proposta:

- Discuta os impactos positivos na sociedade com a utilização desta tecnologia.

- Discuta os impactos negativos na sociedade com a utilização desta tecnologia.

Temporário na "Cleans"

Objetivo: Proporcionar ao grupo uma situação empresarial simulada, através da qual as equipes terão a oportunidade de: planejar de forma integrada, tomar decisões em equipe, administrar a qualidade do serviço, administrar o tempo.

Fatores de observação: Trabalho em equipe, organização de idéias, flexibilidade, criatividade, clareza de idéias, tomada de decisão, iniciativa.

Material: Textos, papel A4 e caneta.

Duração: 10 minutos para desenvolvimento da tarefa e 5 para apresentação dos subgrupos.

Procedimento:

1) Dividir em dois grupos (para um grupo de 15 participantes).
2) Distribuir o texto para cada grupo e informar o tempo das atividades.

Texto recebido pelos participantes:

"Direito do trabalho é o ramo da ciência do Direito que tem por objeto as normas jurídicas que disciplinam as relações de trabalho subordinado, determinam os seus sujeitos e as organizações destinadas à proteção desse trabalho, em sua estrutura e atividade."

A empresa CLEANS atua há 45 anos no mercado e possui diversos funcionários, dentre estes muitos temporários. Estes funcionários encontram-se em diferentes áreas da organização; só no setor administrativo são em torno de 120 temporários.

Todos os contratos temporários obedecem rigorosamente à lei.

Geralmente os temporários são contratados para demandas pontuais de aumento de serviço e, no geral, fazem um contrato de 90 dias, renováveis por mais 90.

Eis que, num momento, após 4 meses de trabalho, a empresa decidiu cancelar o contrato de um dos temporários, que havia inicialmente feito um contrato de 90 dias renováveis, pois o mesmo não estava correspondendo às expectativas do trabalho.

O funcionário se sentiu ofendido e no direito de reclamar na Justiça sobre o seu afastamento. Além disso, alegou que, por ter passado 4 meses na CLEANS, deveria ter sido efetivado.

Vocês são do departamento jurídico desta empresa e sabem que ela sempre contrata temporários para atuarem em seus diferentes segmentos.

De que forma vocês agiriam frente ao temporário?

O que diz a Legislação? Qual a forma correta de agir neste caso?

Transformações Sociais

Objetivo: Proporcionar ao grupo uma situação empresarial simulada, através da qual as equipes terão a oportunidade de: planejar de forma integrada, tomar decisões em equipe, administrar a qualidade do serviço, administrar o tempo.

Fatores de observação: Trabalho em equipe, organização de idéias, flexibilidade, clareza de idéias, tomada de decisão, iniciativa, empenho na atividade.

Material: Textos, papel A4 e caneta.

Duração: 10 minutos para desenvolvimento da tarefa e 5 para apresentação dos subgrupos.

Texto recebido pelos participantes:

"O desenvolvimento de uma nação não depende somente de mudanças e avanços na área econômica, mas de um reequilíbrio dos desafios sociais e de distribuição de renda causados por este próprio crescimento. Em decorrência disso, no Brasil as últimas décadas vêm sendo marcadas por uma aceleração de ações sociais e intensificação de discussões em várias esferas da sociedade sobre o terceiro setor e responsabilidade social."

O terceiro setor depende de legitimidade e sustentabilidade para desenvolver novos programas sociais. Parcerias sérias, com órgãos governamentais e empresas de credibilidade, são a base para o êxito de ações de ONGs, institutos, fundações. Posturas isolacionistas confrontam a verdadeira função integradora do setor.

O empresariado, por sua vez, deve investir em uma postura verdadeiramente ética e transparente, visando ao resgate da cidadania e ao respeito ao meio ambiente do qual depende. Na verdade, estamos falando de uma grande rede que envolve governo, a iniciativa privada e as universidades, que detêm o conhecimento. O grande desafio, porém, é como coordenar e trazer o entendimento de que só a visão proativa e integrada de todos esses setores tornará o caminho mais curto e menos penoso. Este deve ser o novo modelo de gestão capaz de conduzir à transformação social.

A linha-mestra das ações sociais deve nascer de uma visão profunda da relação de interdependência entre "governo-empresa-homem-natureza". Pode-se entender esta ligação como um ciclo natural, uma cadeia de ligação: este é um princípio que deve ser cultivado.

Fonte: http://www.filantropia.org

Discuta no grupo:

- A importância da responsabilidade social nas organizações e para a sociedade.
- Qual a contribuição do profissional de Serviço Social neste movimento?

Controle Financeiro

Objetivo: Proporcionar ao grupo uma situação empresarial simulada, através da qual as equipes terão a oportunidade de: planejar de forma integrada, tomar decisões em equipe, administrar a qualidade do serviço, administrar o tempo.

Fatores de observação: Trabalho em equipe, organização de idéias, flexibilidade, clareza de idéias, tomada de decisão, iniciativa, empenho na atividade.

Material: Textos, papel A4 e caneta.

Duração: 10 minutos para desenvolvimento da tarefa e 5 para apresentação dos subgrupos.

Procedimento:

1) Dividir o grupo em três subgrupos (para um grupo de 15 participantes).
2) Distribuir o texto para cada subgrupo e informar o tempo das atividades.

Texto recebido pelos participantes:

"Um setor contábil/financeiro bem estruturado pode ser considerado como o ponto-chave, aquele que move e mantém o caminhar constante dentro de uma organização."

Você trabalha na área contábil da TV FLASH e a sua área é responsável pela análise de contas, arquivos de notas fiscais, confecção de planilhas de custos.

Atualmente você está lançando algumas notas fiscais no sistema referentes à área de Tecnologia de sua empresa. Você precisa, no mínimo, de cinco dias para fazer todo o lançamento.

O gerente da sua área solicitou que as notas deverão ser lançadas em três dias, pois o relatório mensal das despesas, que envolverem todas as áreas da empresa, precisa ser entregue à diretoria neste prazo.

Toda a equipe foi convocada a trabalhar na entrega deste relatório e está quase encerrando o lançamento das notas, porém o gestor da área de Informática chega ao setor informando que tem mais duas notas para serem contabilizadas. A diretoria não negocia a entrega do relatório para outra data.

Trabalho proposto:

Sendo vocês os responsáveis pelo lançamento de todas as notas, como agiriam diante de tal questão?

- Que procedimentos adotariam para negociar com o Gerente de sua área?
- Como procederiam frente ao Gestor da área de Tecnologia?
- Estruturem algumas ações imediatas para não atrasarem a entrega do relatório à Diretoria.

Empresa de Crédito – CRED++

Objetivo: Proporcionar ao grupo uma situação empresarial simulada, através da qual as equipes terão a oportunidade de: planejar de forma integrada, tomar decisões em equipe, administrar a qualidade do serviço, administrar o tempo.

Fatores de observação: Trabalho em equipe, organização de idéias, flexibilidade, clareza de idéias, tomada de decisão, iniciativa, empenho na atividade.

Material: Textos, papel A4 e caneta.

Duração: 20 minutos para desenvolvimento da tarefa e 5 para apresentação dos subgrupos.

Procedimento:

1) Dividir o grupo em três subgrupos (para um grupo de 15 participantes).
2) Distribuir o texto para cada subgrupo e informar o tempo das atividades.

Texto recebido pelos participantes:

A empresa CRED++ é reconhecida no mercado por oferecer aos seus clientes credibilidade e conforto na realização das operações financeiras. Através da variedade de produtos oferecidos ao consumidor, em sua maioria das classes C e D, a empresa possui a liderança do mercado nacional. Seus serviços incluem linhas de Crédito Pessoal, Cartão de Crédito e Seguros.

A CRED++ atua no mercado há mais de 50 anos e vem passando por um momento crítico, pois o mercado de crédito ao consumo vem crescendo exponencialmente. Suas concorrentes, embora novas no mercado, pertencem a grandes conglomerados financeiros e utilizam o *know-how* da empresa CRED++ para criar e melhorar seus próprios produtos. Além disso, as concorrentes buscam os profissionais formados pela CRED++, visando o seu conhecimento da área e a sua qualidade no atendimento ao cliente, oferecendo salários e benefícios mais atrativos. Seus promotores vão buscar clientes nas portas das lojas CRED++, oferecendo taxas de juros menores.

Trabalho proposto:

Você foi contratado para assumir a gerência de uma loja CRED++ inaugurada há 3 meses, em um local de grande movimento, no centro de uma metrópole.

Esta loja conta com uma equipe que mescla funcionários experientes com novatos e possui uma meta de volume de 100.000 reais/mês. Nota-se que a equipe realiza um trabalho árduo de conquista de novos clientes, com uma política agressiva de vendas. Por conta deste trabalho de sedução dos clientes, não há muito tempo para a realização correta dos procedimentos operacionais que envolvem todo o processo de liberação de crédito. Desta forma, pode-se observar pequenos erros como: digitação errada de endereço ou telefone do cliente; falta de cópia de documentos importantes, como comprovante de renda e até mesmo só constando nome e CPF no cadastro do cliente. Apesar disto, a filial vem atingindo uma média de 150% da meta inicial traçada pela diretoria regional nos primeiros três meses de funcionamento.

Ao final do primeiro trimestre, começaram a surgir problemas com a inadimplência de cerca de 38% dos clientes absorvidos neste período e a diretoria regional começa a cobrar um plano de ação para este índice de perda. A diretoria alega que, continuando desta forma, a filial não conseguirá "se pagar" no período determinado pela política da empresa, e que seria melhor fechar a filial apesar do grande volume de vendas.

Em face do que foi exposto, quais são as suas ações?

Em sua resposta você deve levar em consideração fatores que envolvam sua equipe, o contexto em que a empresa se insere, as políticas internas de segurança e controle de inadimplência, além de buscar sugestões para novos produtos e empreendimentos.

Pontos a Serem Observados na Resolução do Case *pelo Candidato*

O foco no alcance da meta muitas vezes faz com que o colaborador perca o foco no cliente. Desta forma, a qualidade no atendimento, assim como a organização dos processos internos, não são valorizados e, principalmente, não são vistos como tão importantes quanto as vendas.

Esta organização interna é que dá subsídio para que seja feito o trabalho posterior às vendas, que inclui: fidelização do cliente, controle de inadimplentes, etc.

O principal aspecto deste *case* está relacionado com a visão deturpada da equipe, que está se achando extremamente produtiva (alcançando 150% do volume proposto), mas que, ao mesmo tempo, vê a loja em que trabalha correndo o risco de ser fechada.

O candidato também precisa ter muito bom relacionamento para fazer com que a equipe perceba que o procedimento está errado, mesmo com o volume alcançado.

Por esta razão, ele deve ter uma visão abrangente para que consiga perceber todos os aspectos que envolvem uma boa venda, e, principalmente, o pagamento da mesma.

Meta

Objetivo: Proporcionar ao grupo uma situação do cotidiano, através da qual as equipes terão a oportunidade de: planejar de forma integrada, tomar decisões em equipe, administrar a qualidade do serviço, administrar o tempo.

Fatores de observação: Trabalho em equipe, organização de idéias, flexibilidade, atendimento ao cliente externo, orientação no serviço.

Material: Três textos com o cenário, papel A4 e caneta.

Duração: 15 minutos para o desenvolvimento da tarefa e 3 para apresentação de cada subgrupo.

Procedimento:

1) Dividir o grupo em três subgrupos.
2) Distribuir o texto para cada subgrupo e informar o tempo das atividades.
3) Interferir após 10 minutos, informando que o prazo foi reduzido, faltando apenas cinco minutos.
4) Os subgrupos que não estarão se apresentando, serão a banca avaliadora ou cliente, e serão orientados a questionarem tecnicamente o grupo oposto.

Texto distribuído para os participantes:

O Departamento de Vendas internacionais da empresa **UTOK**, empresa do segmento musical, tem como meta expandir a comercialização de seus produtos ao mercado exterior em 50% no prazo de 15 dias (15 minutos).

- Trace um plano de ação para que a meta supere o esperado.
- Crie um portfólio de um novo produto para o mercado internacional, adequando o acervo da **UTOK** às diferenças culturais e de mercado.

Novo Cliente

Objetivo: Proporcionar ao grupo uma situação empresarial simulada, através da qual as equipes terão a oportunidade de: planejar de forma integrada, tomar decisões em equipe, administrar a qualidade do serviço, administrar o tempo.

Fatores de observação: Trabalho em equipe, organização de idéias, flexibilidade, criatividade, clareza de idéias, tomada de decisão, iniciativa, empenho na atividade.

Material: Textos com o cenário, papel A4 e caneta.

Duração: 10 minutos para desenvolvimento da tarefa e 5 para apresentação dos subgrupos.

Procedimento:

1) Dividir em dois subgrupos.
2) Distribuir o texto para cada subgrupo e informar o tempo das atividades.

Texto recebido pelos participantes:

A empresa "FullTime" é líder no mercado de mídia digital. Sua parceria com um conglomerado de empresas de comunicação (TV, revista, jornal, etc.) faz com que o número de visitantes no site seja bem maior do que o das concorrentes. Por esta razão, a *home* do *site* passou a ser muito procurada por outras empresas com o objetivo de divulgar sua marca.

O setor de marketing desta empresa recebeu uma ligação de um novo cliente, que parece ser uma boa oportunidade de negócio. Trata-se de uma empresa de telecomunicações que vem entrando no mercado nacional com um marketing agressivo. Seu produto possibilita que ligações sejam feitas via Internet para telefones fixos no Brasil e no mundo, com um preço mais competitivo do que o que vem sendo praticado atualmente.

As empresas nacionais, que hoje atuam na área de telecomunicações, também estão interessadas em fortalecer a marca do seu produto, divulgando-o no *site*.

Você faz parte desta equipe e terá que escolher qual produto quer anunciar na *home* do *site*, justificando o motivo da escolha e apontando os ganhos e as perdas. Será responsável também pelo desenvolvimento de uma estratégia de marketing adequada ao público brasileiro, abordando todos os itens necessários para a publicidade do produto oferecido pela empresa.

Deverá também desenhar estratégias de fidelização e retenção de clientes da empresa.

Entrevista Virtual

Objetivo: Proporcionar ao grupo uma situação empresarial simulada, através da qual as equipes terão a oportunidade de: planejar de forma integrada, tomar decisões em equipe, administrar a qualidade do serviço, administrar o tempo.

Fatores de observação: Trabalho em equipe, organização de idéias, flexibilidade, criatividade, clareza de idéias, tomada de decisão, iniciativa, empenho na atividade.

Material: Textos com o cenário, papel A4 e caneta.

Duração: 10 minutos para desenvolvimento da tarefa e 5 para apresentação dos subgrupos.

Procedimento:

1) Dividir em dois subgrupos.
2) Distribuir o texto para cada subgrupo e informar o tempo das atividades.

Texto recebido pelos participantes:

Você trabalha para uma grande empresa de mídia digital e as áreas que mais obtêm audiência são as de promoções e *chats*. Nestes espaços, o internauta pode participar de grandes promoções, entrevistas *on-line* com as principais personalidades do momento.

Você faz parte desta equipe e está responsável pela realização de uma grande promoção que irá levar para um evento dez ganhadores de uma competição virtual para conhecer a estrela da novela mais assistida do momento. Neste mesmo local será realizada uma entrevista, cujo conteúdo irá para o *site* ao vivo, assim como os internautas poderão fazer perguntas através do *chat*.

Em relação à logística do evento, será necessário fazer a contagem dos pontos através de um programa desenvolvido pela área tecnológica para identificar os ganhadores; entrar em contato com os vencedores agendando o evento; estabelecer parcerias com outras empresas a fim de melhorar a atividade promocional etc.

Durante o evento, acontecem alguns imprevistos:

- Um internauta questiona, ao vivo, o motivo de ele não estar participando do evento, já que gabaritou a competição.
- Um dos ganhadores, que você acompanhou até o evento, não conseguiu se controlar e ultrapassou a barreira de seguranças, chegando até a celebridade de forma rude e grosseira.
- O *site* sofreu algum problema tecnológico e está fora do ar.

Trabalho proposto:

Como você contornaria esta situação?

Estabeleça um plano de ação para o próximo evento, buscando melhorar a logística, assim como as parcerias que poderão ser feitas.

Entrega de Balanço

Objetivo: Proporcionar ao grupo uma situação empresarial simulada, através da qual as equipes terão a oportunidade de: planejar de forma integrada, tomar decisões em equipe, administrar a qualidade do serviço, administrar o tempo.

Fatores de observação: Trabalho em equipe, organização de idéias, flexibilidade, clareza de idéias, tomada de decisão, iniciativa, empenho na atividade.

Material: Textos, papel A4 e caneta.

Duração: 10 minutos para desenvolvimento da tarefa e 5 para apresentação dos subgrupos.

Procedimento:

1) Dividir o grupo em três subgrupos (para um grupo de 15 participantes).
2) Distribuir o texto para cada subgrupo e informar o tempo das atividades.

Texto recebido pelos participantes:

Todo fim de ano alguns clientes contratam a empresa "News" para fazer o balanço anual de sua empresa, verificando gastos, custos e despesas obtidos durante o ano.

Faltando uma hora para entregar o balanço solicitado por um dos clientes, foi verificado por um membro da equipe que houve uma troca de valores entre os balanços de dois clientes, gerando, assim, um resultado equivocado na conclusão dos balanços.

Levando em consideração que estes dois clientes são muito importantes para a empresa e que um deles não negocia prazos:

- Criem rapidamente algumas estratégias que agilizarão a entrega do serviço para este cliente e estabeleçam regras para que não ocorram mais falhas no processo de entrega dos serviços.

Novo *Banner*

Objetivo: Proporcionar ao grupo uma situação empresarial simulada, através da qual as equipes terão a oportunidade de: planejar de forma integrada, tomar decisões em equipe, administrar a qualidade do serviço, administrar o tempo.

Fatores de observação: Trabalho em equipe, organização de idéias, flexibilidade, criatividade, clareza de idéias, tomada de decisão, empenho na atividade.

Material: Textos com o cenário, papel A4 e caneta.

Duração: 20 minutos para desenvolvimento da tarefa e 5 para apresentação dos subgrupos.

Procedimento:

1) Dividir em dois subgrupos (para um grupo de 15 participantes).
2) Distribuir o texto para cada subgrupo e informar o tempo das atividades.

Texto recebido pelos participantes:

"O mundo virtual complementa o maravilhoso mundo real, ampliando-o, facilitando-o e unindo as relações pessoais e profissionais."

O novo programa "BIG FRIEND" está para ser lançado daqui a três meses e as suas inscrições já estão abertas para o grande público que disputa as vagas.

Este programa promete ser a próxima sensação da emissora e, por isso, deverá investir pesado em propaganda e em publicidade virtual, já que as inscrições serão todas feitas pela Internet. Há expectativa de que 8.000 pessoas, em média, se inscrevam. Normalmente este tipo de programa preocupa as outras emissoras, pois a sua audiência é elevadíssima.

A direção do programa solicitou que seja feito um *banner* exclusivo para o "BIG FRIEND" no *site* da emissora em dois dias. Este *banner* deverá chamar a atenção imediata de quem entra no *site*. O objetivo é atrair diferentes públicos e efetuar as inscrições para o programa o mais rápido possível.

Em paralelo a isso, a equipe está finalizando um logotipo de um programa sobre a Copa do Mundo que irá ao ar em um dia. A direção que solicitou esta finalização não negocia prazos, já que foi revisto duas vezes e voltou para o setor para a última finalização, pois não admite mais erros.

Dois grupos:

- **Grupo A** – dá prioridade para a construção do *banner*, pois sabe da audiência que o programa terá. A equipe deverá construir o *banner*.

- **Grupo B** – dá prioridade para a finalização do logotipo, pois a direção não aceita mais erros. A equipe constrói o logotipo.

Programa *Teen*

Objetivo: Proporcionar ao grupo uma situação empresarial simulada, através da qual as equipes terão a oportunidade de: planejar de forma integrada, tomar decisões em equipe, administrar a qualidade do serviço, administrar o tempo.

Fatores de observação: Trabalho em equipe, organização de idéias, flexibilidade, criatividade, clareza de idéias, orientação no serviço.

Material: Textos com o cenário, papel A4 e caneta.

Duração: 10 minutos para desenvolvimento da tarefa e 5 para apresentação dos subgrupos.

Procedimento:

1) Dividir o grupo em três subgrupos (para um grupo de 15 participantes).
2) Distribuir o texto para cada subgrupo, e informar o tempo das atividades.

Texto recebido pelos participantes:

O portal de informações AO VIVO.com tem como característica uma programação que pretende tornar disponíveis na Internet os principais acontecimentos e programas da TV brasileira. Seu principal desafio é fazer com que as notícias sejam transmitidas em tempo real e que sua programação interativa consiga absorver, além do público que assiste à TV, internautas que não possuem disponibilidade para isso.

Um dos programas da grade, o Teen, é um *chat* em que o apresentador recebe convidados dos mais variados ramos de atuação, que despertem o interesse dos adolescentes, para serem entrevistados diante de uma pequena platéia de jovens. Esta entrevista é transmitida em tempo real pela nova tecnologia do portal, que busca fazer de um computador conectado à Internet uma nova forma de mídia.

A direção do programa foi informada que os três primeiros programas foram gravados em um tom muito formal e, com isso, fugindo ao perfil delineado. O estúdio dispunha de uma arquibancada em estilo arena com quatro degraus para a platéia. O palco, no centro da arena, apresentava piso branco com poltronas vermelhas para o convidado.

Tarefa proposta:

Vocês fazem parte da edição do programa e têm como missão dar uma nova roupagem através de recursos multimídia às edições gravadas. Levem em consideração fatores como:

- A imagem exibida na tela do computador, geralmente, é menor do que a exibida pela TV.
- Formas de atrair a atenção do internauta, já que o ambiente da Internet é algo extremamente dinâmico.
- Tecnologias e recursos de comunicação visual que permitam modificar radicalmente os preconceitos e a imagem que o público tem de um programa de auditório normalmente visto na TV.
- Um novo projeto de criação para a platéia, o público e o palco.

Solucionando um Problema

Objetivo: Proporcionar ao grupo uma situação empresarial simulada, através da qual as equipes terão a oportunidade de: planejar de forma integrada, tomar decisões em equipe, administrar a qualidade do serviço, administrar o tempo.

Fatores de observação: Trabalho em equipe, organização de idéias, clareza de idéias, iniciativa, tomada de decisão, empenho na atividade.

Material: Textos, papel A4 e caneta.

Duração: 20 minutos para desenvolvimento da tarefa e 5 para apresentação dos subgrupos.

Procedimento:

1) Dividir o grupo em três subgrupos (para um grupo de 15 participantes).
2) Distribuir o texto para cada subgrupo e informar o tempo das atividades.

Texto recebido pelos participantes:

Dentre as constantes mudanças ocorridas no passar dos anos no mundo do *business*, destacamos aquela que mudou definitivamente a vida do indivíduo: a alta tecnologia aplicada à informação.

A tecnologia chegou para desbancar canetas, papel, aglomerados de formulários e também antigos guarda-livros. Profissionais que passavam todo o período de serviço transcrevendo valores para papéis perderam posto no mercado.

O avanço tecnológico trouxe algumas mudanças: maior escassez de oportunidades, maior qualificação na mão-de-obra, alta exigibilidade intelectual e o profissional que lida com números deve ter, também, habilidade comportamental para fazer contato com clientes internos e externos.

Hoje, no mundo organizacional, a área tecnológica não exige somente a expressão de números e de cifrões. Para chegarmos a qualquer tipo de resultado, devemos, primeiro, manter um contato direto com o ser humano. Por exemplo, para exigir um extrato bancário, discutir sobre o resultado final de um demonstrativo, tudo envolverá comunicação, entendimento.

Imagine a seguinte situação:

Você trabalha em uma empresa onde normalmente o *Call Center* faz muitos contatos com a sua área para solucionar problemas relacionados a cobranças indevidas de clientes.

O *Call Center* ligou para o seu setor e informou que está com um cliente na linha muito nervoso o qual está reclamando de uma cobrança que está com o valor errado. O funcionário do *Call Center* depende de sua decisão para liberar este cliente, já que você é o responsável pela interface entre as áreas financeira e tecnológica da empresa.

Você sabe que o bom atendimento depende da boa comunicação com este cliente, mas, ao mesmo tempo, não pode prejudicar o sistema da empresa.

Existem duas opções:

1) Você corrige a cobrança de imediato para que o cliente fique satisfeito e não pague multa, pois o dia do vencimento da cobrança está próximo.
2) Faz este cliente aguardar e tenta identificar se foi falha do sistema, o que poderá ter ocorrido com outros assinantes.

OBS.: Podem ser abertos dois grupos, um que defende a correção da cobrança de imediato e o outro que irá identificar falha no sistema.

Operação de Novo Sistema

Objetivo: Proporcionar ao grupo uma situação empresarial simulada, através da qual as equipes terão a oportunidade de: planejar de forma integrada, tomar decisões em equipe, administrar a qualidade do serviço, administrar o tempo.

Fatores de observação: Trabalho em equipe, organização de idéias, flexibilidade, iniciativa, clareza de idéias, tomada de decisão, raciocínio lógico.

Material: Textos, papel A4 e caneta.

Duração: 15 minutos para desenvolvimento da tarefa e 5 para apresentação dos subgrupos.

Procedimento:

1) Dividir o grupo em três subgrupos (para um grupo de 15 participantes).
2) Distribuir o texto para cada subgrupo e informar o tempo das atividades.

Texto recebido pelos participantes:

A equipe de informática da "INFO SOLUTY" está planejando um novo sistema para seus usuários, em que o objetivo é desenvolver um novo banco de dados para o setor financeiro da empresa.

O departamento financeiro controla todas as receitas e despesas, efetua transações financeiras, enfim, é um setor que possui grandes responsabilidades.

Em reunião com o chefe da equipe, o Gerente Financeiro determinou que o novo sistema precisa estar operando em breve, pois é necessário realizar controle financeiro das planilhas de todos os clientes. O chefe concorda e leva a missão para a sua equipe, a qual está desfalcada de funcionários.

Uma hora antes de entregar o projeto, ocorre uma falha no sistema e o seu prazo de entrega terá que ser adiado.

O chefe do setor não negocia prazos, pois está com pendências a serem resolvidas. Estas pendências dependem única e exclusivamente do novo sistema.

Trabalho proposto:

- Tracem estratégias que agilizem este trabalho.
- Elaborem planos de ação rápidos para a implantação do novo sistema.

Liberte-se dos Medos

Superando a Ansiedade e Vivendo sem Preocupações

A obra oferece uma vastidão de conhecimento e ferramentas para ajudar as pessoas a melhor compreenderem seus medos e transmutá-los em ações positivas. Assim como em seus livros anteriores, Joseph O'Connor demonstra seu grande dom para apresentar o conhecimento rico e complexo sob uma forma prática e fácil de ser entendida. O livro é recomendado a todos que querem se mover de forma mais fácil e confiante ao longo da vida. A obra oferece uma visão de nossas ansiedades diárias. Em linguagem simples, o autor combina o analítico com o intuitivo. Terapeutas, gestores e comunicadores de todos os campos utilizarão seus exercícios práticos para lidar com o medo nos próximos anos. Este é um livro sobre desenvolvimento pessoal. O leitor não precisa receber qualquer treinamento em PNL para aproveitar e usar este livro. Ao longo dele o leitor encontrará conceitos da PNL de que precisa para usá-los quando for necessário. Este livro não diz respeito a apenas se livrar do medo. Diz respeito, também, a aproveitar a felicidade e a liberdade emocional de uma vida sem medos irreais. Alguns medos merecem ser alvo de riso, alguns merecem ser ignorados, outros respeitados e você precisa saber distinguir uns dos outros.

Autor: Joseph O'Connor
Nº de páginas: 280
Formato: 16 x 23cm

O Poder da Iniciativa

Na obra O Poder da Iniciativa, Edivan Silva compartilha com o leitor seus passos rumo à organização e à motivação, com o intuito de atingir e ultrapassar suas metas pessoais e profissionais. Com histórias interessantes, exemplos e relatos, o livro encoraja a prática da iniciativa, do otimismo e de expectativas cada vez mais positivas em relação ao trabalho e à própria vida. Trata-se de uma exposição objetiva de idéias motivadoras que servem como combustível para o dia-a-dia. A iniciativa é a marca registrada da excelência profissional. Ser capaz de corresponder às expectativas é uma virtude que precisa ser trabalhada, pois todo trabalhador possui tal capacidade, porém poucos parecem demonstrar. A obra é recomendada para todos que desejam ir além em sua trajetória profissional e que almejam contribuir efetivamente para o crescimento da organização e da comunidade a que pertencem.

Autor: Edivan Silva
Nº de páginas: 120
Formato: 16 x 23cm

Entre em sintonia com o mundo

QualityPhone:
0800-263311
Ligação gratuita

✉ Rua Teixeira Júnior, 441
São Cristóvão
20921-405 – Rio de Janeiro – RJ
Tel.: (0XX21) 3295-9800
ou   3860-8422
Fax: (0XX21) 3295-9824

www.qualitymark.com.br
E-Mail: quality@qualitymark.com.br

Dados Técnicos

Formato: 16 x 23

Mancha: 12 x 19

Corpo: 11

Entrelinha: 13,6

Fonte: ClassGarmnd BT

Lançamento: Agosto 2008

Total de Páginas: 120

Gráfica: Imos